高等职业院校职业素质教育改革创新教材

社交与礼仪

（第三版）

SHEJIAO YU LIYI

主　编　赵喜婧　杨会敏
副主编　谭　玲　姚喜宁　韩　青

中国教育出版传媒集团

高等教育出版社·北京

内容提要

本书是高等职业院校职业素质教育改革创新教材。

全书内容涵盖了高等职业院校学生在校学习生活和适应未来从业所需的基本礼仪知识与训练,共分为六个项目:校园礼仪、仪表礼仪、仪态礼仪、人际交往礼仪、职场礼仪、涉外礼仪。本书以项目为导向,采用任务驱动的形式,融知识性、趣味性和可操作性为一体,便于教学。为了利教便学,本书另配有教学课件等数字化资源,部分资源以二维码形式提供在相关内容旁,可扫描获取。

本书适合作为高等职业院校和职业本科院校素质教育课程的教材,也可供学生课外阅读参考,此外,还可以作为社会人员提升素质修养的参考用书。

图书在版编目(CIP)数据

社交与礼仪/赵喜婧,杨会敏主编. —3 版. —北京:高等教育出版社,2024.1

ISBN 978-7-04-060898-4

Ⅰ. ①社… Ⅱ. ①赵… ②杨… Ⅲ. ①社交礼仪-高等职业教育-教材 Ⅳ. ①C912

中国国家版本馆 CIP 数据核字(2023)第 139068 号

策划编辑 雷 芳 责任编辑 赵力杰 封面设计 张文豪 责任印制 高忠富

出版发行	高等教育出版社	网 址	http://www.hep.edu.cn
社 址	北京市西城区德外大街 4 号		http://www.hep.com.cn
邮政编码	100120	网上订购	http://www.hepmall.com.cn
印 刷	浙江天地海印刷有限公司		http://www.hepmall.com
开 本	787 mm×1092 mm 1/16		http://www.hepmall.cn
印 张	13	版 次	2015 年 8 月第 1 版
字 数	242 千字		2024 年 1 月第 3 版
购书热线	010-58581118	印 次	2024 年 1 月第 1 次印刷
咨询电话	400-810-0598	定 价	30.00 元

第三版前言 |

礼仪是社会文明的标尺，是个人修养和素质的外在表现，在社会交往过程中，礼仪就是人际交往的通行证。礼仪教育越来越受到社会的重视，人们已经把礼仪教育看作提高情商的十分重要的途径。在高校，礼仪课程深受学生欢迎。礼仪课程不同于其他的文化课程，它是一门理论性和实践性并重，以矫正行为为重点内容、以提升现代人的文明礼仪素养为宗旨的基础性的通识课程。

本书紧扣高等职业教育特点，以"项目导向、任务驱动"为编写思路。创设礼仪情境，让学生在演示情境的过程中掌握规范的礼仪知识和基本的社交礼仪技巧；授课内容注重理论与演练相结合，改变了传统的只注重理论知识传授，而忽视技能操作的教法，将理论教学和实践教学融为一体；本书以正文学习为主轴，贯串了"思考一下""拓展阅读""课堂活动""自我测试""课后实训"等栏目，形式多样而灵活。建议学生在课程学习之余，通过课后阅读进一步培养自己的礼仪修养，提升个人素质，树立良好的个人形象，以便使自己在步入社会后能更好地适应工作的需要。本书以党的二十大精神为引领，以新时代中国特色社会主义思想的世界观和方法论为指导，深入贯彻落实党的二十大报告提出的"新思想、新判断、新目标、新举措"，在编写中坚守"为党育人、为国育才"初心。本书适合作为高等职业院校和职业本科院校素质教育课程的教材使用，也可供学生课外阅读参考，此外，还可作为社会人员提升自我修养的参考用书。

本书由赵喜婧、杨会敏任主编，负责全书的内容结构设计和统稿，谭玲、姚喜宁、韩青任副主编。

在本书编写过程中，我们参考了大量的相关资料，由于篇幅所限，未能一一列出，在此，对有关作者和编者特致以谢意和歉意。

由于水平有限，书中难免存在错误与不足之处，敬请广大读者批评指正。

编　者

2023 年 8 月

目 录 |

资源导航 |

不学礼，无以立

项目一 **校园礼仪**

辛勤汗水筑就礼仪之邦　　　　【案例赏析】

北京 2022 年冬奥会的颁奖场上，身着瑞雪祥云、鸿运山水、唐花飞雪三套颁奖服饰的礼仪志愿者们，在一颦一笑、一步一动中将"中国之美"展现得淋漓尽致。

这些礼仪志愿者们都是来自北京各高校的大学生，每天早上 8 时准时开训，晚上 10 点结束。在训练中，指导老师和培训团队按照国际奥委会要求的标准，一起积极探索创新。在培训中，除惯有的体态训练、标准技术动作、颁奖流程和国际礼仪等培训外，更是将中国经典著作《诗经》《论语》的内容融入培训，由表及里实现礼仪志愿者们的行为养成。

颁奖环节对于所有运动员来说是一个高光时刻，因为全世界都关注着他们，礼仪人员会出现在镜头里，在颁奖环节，如何让盛放奖牌的托盘在礼仪志愿者手上显得大气？在培训中，礼仪志愿者的两肘不能靠近身体，留出三拳的距离。这样的手位不仅看起来工整、端庄，更是有真诚祝贺运动员获奖的大气。礼仪志愿者们在执行任务时需佩戴口罩，这也就意味着礼仪志愿者的眼部以下至嘴部的位置会被遮挡住，这个环节要求礼仪志愿者在口罩中也保持笑容，通过眼神传达高兴和祝贺的情绪。

对着镜子练习笑容，成为礼仪志愿者们每天的"必修课"，甚至要让笑容贯穿训练的始终。当礼仪志愿者面对培训老师、现场工作人员，甚至是陌生人，她们都会主动问好，点头示意，把训练延伸至细节中，将功力藏在细节里，从细节中展现民族自信。所有的辛苦、汗水汇聚出来的是礼仪之邦应有的态度，北京 2022 年冬奥会让全世界看到中国人的精神面貌，看到了东方的优雅。

（资料来源：中国新闻网，有改动）

【启　示】

礼仪是人类共处的钥匙。于细微之处见性格，从举手投足看修养。播下一个行动，你将收获一种习惯；播下一种习惯，你将收获一种性格；播下一种性格，你将收获一种命运！孔子曰："兴于诗，立于礼，成于乐。"礼貌是有教养的人的第二个"太阳"。大学生是祖国的未来和希望，加强大学生文明礼仪修养的教育是至关重要的，这就要求在校学生要有得体的礼仪规范。职业学校的学生如果希望提升自己，将来能够顺利毕业并走进社会，真正达到"高素质的劳动者"的标准，应当用规范的礼仪标准来指导自己的一言一行，要学礼用礼，以礼待人，做好生涯规划，在实践中提升礼仪素养。

任务 1 校园礼仪概说

【任务情境】

中国素以"礼仪之邦"著称于世。我国古代的"礼"和"仪",实际上是两个不同概念。"礼"是制度、规则的体现,也是一种社会意识观念;"仪"是"礼"的具体表现形式,是依据"礼"的规定和内容,形成的一套系统而完整的程序。"礼"是中华民族传统美德的灵魂与具体体现,中国的伦理文化从一定意义上讲,是一种"礼制文化"。

礼仪是社会文明进步的载体。端庄的举止、文明的行为体现在日常生活的方方面面。加强大学生文明素养教育,养成良好的文明行为规范也是新时代加强精神文明建设重要的一项内容。一个注重自身修养、重视文明礼仪的人更容易实现自己的理想,成为社会的栋梁之材。

【思考一下】

你所知道的"礼"文化有哪些?你能和大家一起分享的家风礼仪教育有哪些?

一、礼仪知识概览

(一)基本释义

所谓礼仪,就是人们在人际交往中形成的应当共同遵守的行为规范和行为准则,涉及穿着、交往、沟通、情商等方面。从个人修养的角度来看,礼仪可以说是一个人内在修养和素质的外在表现;从交际的角度来看,礼仪可以说是人们在人际交往中所使用的一种艺术、一种交际方式和方法,是人际交往中约定俗成的示人以尊重、友好的习惯做法;从传播的角度来看,礼仪可以说是在人际交往中进行相互沟通的技巧。

对于"礼仪"的解释,主要有以下几种观点。

(1)礼仪指礼节和仪式。这是传统的解释。"礼"字和"仪"字指的都是尊敬的方式。"礼",多指个人性的,像鞠躬、欠身等,就是礼节;"仪",则多指集体性的,像开幕式、阅兵式等,就是仪式。

(2)礼仪指人们约定俗成,表示尊重的各种方式。这是现代通俗而简洁的解释。这里的方式分为行动型和非行动型,像鞠躬、给老人让座等,就是行动型的,需要行动才能实现和有效;而像庄严场合不嬉笑、别人睡觉不吵闹等,就是非行动型的,不需要行动就有效果。

"礼者,敬人也。"礼仪是一种待人接物的行为规范,也是一种交往的艺术。它是人们在社会交往中由于受历史传统、风俗习惯、宗教信仰、时代潮流等因素而形成的,既为人们所认同,又为人们所遵守,以建立和谐关系为目的的各种符合交往要求的行为准则和规范的总和。

图1-1　礼

（二）礼仪的由来

礼仪作为人际交往重要的行为规范，既不是凭空臆造的，也不是可有可无的。了解礼仪的起源，有利于认识礼仪的本质，从而自觉地按照礼仪规范的要求进行社交活动。对于礼仪的起源，研究者有不同的观点，这里主要介绍两种。

一种观点认为，礼仪起源于祭祀。东汉许慎的《说文解字》是这样解释"礼"的："履也。所以事神致福也。从示从豊，豊亦声。"礼是一个会意字（图1-1），"示"指祭神，"豊"指敬神的祭器。从中可以看出，"礼"字与古代祭祀神灵的仪式有关。古时祭祀活动不是随意地进行的，而是按照一定的程序和方式严格进行的。

另外一种观点认为，礼仪起源于风俗习惯。人是不能离开社会和群体的，人与人在长期的交往活动中，渐渐地形成了一些约定俗成的习惯，久而久之，这些习惯成为人们交际的规范，当这些习惯以文字的形式被记录并被人们自觉地遵守后，就逐渐成为人们交际时使用的固定礼仪。遵守礼仪不仅能使人们的社会交往活动变得有序、有章可循，同时也能使人们在交往中更具有亲和力。有学者曾说"表面上礼仪有无数的清规戒律，但其根本目的在于使世界成为一个充满生活乐趣的地方，使人变得平易近人。"

从礼仪的起源可以看出，礼仪是在人们的社会活动中，为了维护稳定的秩序，保持交际的和谐而产生的。直到今天，礼仪依然体现着这种本质特点与独特的功能。

【知识窗】

"三礼"——中国礼学经典

《周礼》《仪礼》和《礼记》，合称"三礼"。

"三礼"之名，起于东汉郑玄注"三礼"。"三礼"是我国礼乐文化的典籍，是我国最早最重要的礼仪论著。

《周礼》，原名《周官》。它综合了从西周到春秋时期的王室和各诸侯国中出现的官制，也夹杂着战国时期的有关社会经济制度、政法制度、学术思想等，是我国典章制度之本。

《仪礼》，本名《礼》，记载了我国古代的亲族关系、宗教思想、内政外交情形以及当时的官室、车马、衣服、饮食等制度，是当时社会生活中士大夫的生活规范。

《礼记》，也称《小戴礼记》，是孔门弟子解释说明礼的理论和行礼的记载。其中既有儒家的经义，又有古代的典章制度。

（三）礼仪的作用

礼仪是人们在生活和社会交往中约定俗成的行为规范，人们可以根据各式各样的礼仪规范，正确地把握与外界的人际交往尺度，合理地处理好人与人的关系。如果没有礼仪规范，人们在交往中往往会手足无措，甚至失礼于人，闹出笑话。所以，熟悉和掌握礼仪可以使人们在待人接物方面做到恰到好处。

礼仪是塑造形象的重要手段。在社会活动中，交谈讲究礼仪，人们可以变得文明；举止讲究礼仪，人们可以变得高雅；穿着讲究礼仪，人们可以变得大方……总之，讲究礼仪的人，很多事情会做得恰到好处，人也可以变得充满魅力。

【拓展阅读】

　　自古以来，我国是一个礼仪大国，我们十分重视礼仪，这从《国风·鄘风·相鼠》一诗可以清楚地看出。

相　鼠

相鼠有皮，人而无仪！人而无仪，不死何为？
相鼠有齿，人而无止！人而无止，不死何俟？
相鼠有体，人而无礼，人而无礼！胡不遄死？

译　文

看那老鼠都有皮，做人怎不讲礼仪。
要是做人没礼仪，为何不死还活着？
看那老鼠有牙齿，做人怎不讲礼节。
要是做人没礼节，不死还想等什么？
看那老鼠有肢体，做人怎能不讲礼。
要是做人不讲礼，为何不去快快死？

　　可见早在两千多年前，华夏民族便是一个名副其实的"礼仪之邦"，当时的人们认为那些不懂礼仪的人连禽兽都不如，这种指斥是何等的严厉！对于一个不懂得礼仪的人来说，就等于被道德法庭宣判了死刑。从这首古诗的字里行间，人们看到了一股巨大的道德舆论的震慑力量。处于这样的礼治社会里，谁还会冒天下之大不韪，胆敢做出违礼的事情来呢？

（资料来源：孟繁融，大学礼仪概论，山东友谊出版社，1995，有改动）

二、校园礼仪

校园礼仪是指在学校生活的全体师生员工应该共同遵守的行为规范。校园礼仪的适用对象既包括学生，也包括全体教师员工。学校不仅要传授知识，更要传承文明。在校园的学习生活中，学生除了获取知识，还必须完成道德人格和文明教养素质的塑造，而后者在很大程度上取决于校园礼仪生活的实践。

具体来说，校园礼仪包括以下三个方面。

（一）校园礼仪是对学生言行举止的基本规范

它要求学生遵纪守法、努力上进、尊师敬长、团结同学、仪表得体、讲究卫生。具体而言，在校园生活中，每一名学生都应当严格遵守学生守则，学生守则是学生的基本行为规范，也是校园礼仪的具体表现。学生是校园文明的主要教育对象，也是校园文明的传播者，应该学会尊重老师、尊重知识，同时也尊重学校的行政人员、保安人员、食堂师傅等，遵守学校的各种规章制度和社会公德，遵守文明礼仪规范，维护教师、员工以及自己的尊严。学习校园礼仪，可以促使学生学会做人，学会处事，学会谦让，学会尊重他人，学会与别人合作，从而成长为一名符合社会需要的讲道德、讲文明、讲礼仪的现代文明人。

（二）校园礼仪是对教师言行举止的基本规范

它要求教师要为人师表、准时上课、尊重学生、善待学生、诲人不倦、循循善诱。教师是建设文明校园的主力军，他们不仅是知识的传播者，而且是文明的传承者、教书育人的园丁、以身作则的楷模。为人师表不仅表现在课堂上，还应该表现在生活中。当一个人处在教师岗位上时，他的功能会被成倍地放大，会影响许多学生，甚至对他们造成终生的影响。而在社会上，教师的个人形象往往代表着学校形象，甚至体现着国家教育的基本水准。

（三）校园礼仪还包括对学校其他员工言行举止的基本规范

除教师与学生之外，学校的行政、后勤人员也必须遵守相关的校园礼仪。要建设文明、和谐、明礼的校园，学校的每一名行政、后勤人员都有责任身体力行。

礼仪规范的特点就在于它的践履性和可操作性。在这个意义上，学校的素质教育必须落实在校园礼仪生活中。

【拓展阅读】

> 　　某驰名世界的酒店管理学院的新生在入校时都要接受一番严格的礼仪文明的洗礼。一开始，每位学生的学生手册上都赋予 100 分的礼仪积分，如果无故旷课两次，就要被勒令退学，两次迟到折合成一次旷课。衣冠不整，有污迹，衬衣不烫，在公共场合不遵守公共文明，不尊敬师长等都要根据情况扣 3～5 分，扣完 100 分，无论成绩优劣一律离校。这样严格甚至严厉的校规，促使每年来自六七十个国家的不同信仰、不同价值观的青年都在一个国际通行的礼仪规则下和睦共处，求同上进。

在这所大学的校园里经常可以看到，三五成群的学生在通过教室门的时候，总有一位男生抢先一步把门打开，让女生和别的同学先通过，然后自己轻轻地把门关上，举止非常优雅、自然，正是这些看来并不显眼的小节，使他们养成了处处尊重自己、善待他人、礼仪为先的职业规范，促使国际上一些著名企业在每年寒假期间都到该校设点招聘。

一般来说，国际上大企业在招聘学生的首要标准方面，不是看专业学分成绩，而是看态度、举止、心理素质和文化底蕴。由此看来，大学生文明素质的养成应该从实践校园礼仪开始。

仁义胡同

仁义胡同又称"六尺胡同"，位于山东省聊城市东昌府区东关大街111号傅斯年陈列馆（傅氏祠堂）东邻，长约60米，宽2米。胡同为青石铺筑，坊上檐下正中为清朝康熙皇帝题写的"仁义胡同"四个大字。仁义胡同的故事是由清朝状元傅以渐而来的。

傅以渐，清朝状元，官至武英殿大学士，兼兵部尚书。他天资聪慧，博览群书，对道德伦理尤为注重。他治学严谨，学识渊博，儒生、学士尊称他为"星岩先生"，赞其"道德文章实为一时之冠"。顺治皇帝对其非常器重，凡是朝中重要之事，都找他来一起商量。

康熙年间，在傅以渐的家人拓修建设宅院时，傅家新建的院墙占据了邻居的地基，邻居以为有碍自家的风水，于是找上门来。傅家宅院刚刚修缮完毕，不愿额外增加开支，与邻居发生纠纷，一时相持不下，于是写信给傅以渐，让他找地方官员通融一下，予以照顾。

傅以渐很快回信道："千里捎书只为墙，让他三尺又何妨？万里长城今犹在，不见当年秦始皇。"家人看后十分羞愧，将院墙退后三尺，

【思考一下】

新时代的大学生应该怎样度过自己的大学生活？你从这个故事中得到了哪些启示呢？

图 1-2　仁义胡同

并主动找邻居道歉。邻居看到傅家如此仁义，十分感动，便也退让三尺，就形成了傅氏祠堂东邻的这条六尺胡同。后来康熙皇帝驻跸聊城，听闻此事，遂书"仁义胡同"四个大字以倡义举。

【礼仪小贴士】

1. 举止行为是一个人的思想感情和文化修养的外在体现。一个品德高尚、富有涵养的人，其姿态必定优雅文明。一个有着低级趣味、缺乏修养的人，其行为一定粗俗猥亵。

2. 在人际交往中，我们必须留意自己的形象，讲究言行和仪表。因为这不仅是别人了解我们的一面镜子，也是我们获得尊重与信任的有效途径。

3. 在人际交往中，我们可以通过别人的动作、言行来衡量、了解和评价别人。

【课后实训】

1. 怎样理解"离礼仪有多远，离成功就有多远"这句话的含义？

2. 我们每一个人除了有比较扎实的专业基础与实践经验，还需要用礼仪来美化自己。来测一测自己的"礼仪指数"吧！

（1）你见到认识的人会微笑打招呼吗？　　　　是（　　）　否（　　）

（2）别人在说话时，你能专心听吗？　　　　　是（　　）　否（　　）

（3）对别人有意见时，你会三思之后私底下再说吗？

　　　　　　　　　　　　　　　　　　　　　是（　　）　否（　　）

（4）你会诚恳地公开赞美别人吗？　　　　　　是（　　）　否（　　）

（5）你会注意克制自己，不提高嗓门、乱发脾气吗？

　　　　　　　　　　　　　　　　　　　　　是（　　）　否（　　）

（6）该说"谢谢"时，你都说了吗？　　　　　是（　　）　否（　　）

（7）你叫得出每一个同学或朋友姓名吗？　　　是（　　）　否（　　）

（8）你随时注意自己的仪容整洁吗？　　　　　是（　　）　否（　　）

如果6个以上问题你选择了"是"，说明礼仪指数较高；4～6个问题你选择了"是"，说明礼仪指数一般；4个以下问题你选择了"是"，说明礼仪指数较低，则要加油。

任务 2　大学生在校基本礼仪

【任务情境】

> 每年 9 月份是各高校新生报到的时间，每个学校都会红旗招展，布置各种气氛热烈的会场欢迎莘莘学子的到来。报到现场成了展现每一个新生的素质和教养的窗口，有的新生彬彬有礼，遵守秩序，礼貌待人，举止得体，落落大方，这些学生往往能给人留下很好的第一印象；也有的新生举止粗鲁，语言不文明，随地乱扔杂物，不遵守秩序，不尊重工作人员和父母，给老师和同学留下了不好的第一印象。

每一位大学生都代表了当代大学生的形象，校园是学生生活、学习和娱乐的公共场所，每个学生都有责任维护它的秩序，这体现了大学生的素质与内涵。校园礼仪是学生在校园生活中应掌握并遵守的礼仪规范，包括校园生活、学习和仪式中的礼仪规范。

【思考一下】

在校园公共场所，我们应该遵守哪些礼仪呢？

一、课堂礼仪

大学生在校期间的主要活动是学习，而课堂则是老师进行教学活动，学生接受知识的主要场合。遵守课堂礼仪规范，不仅是对老师的尊重，也是大学生更好地掌握现代科学知识，成为合格人才的需要。大学生要遵守以下几个方面的礼仪规范。

（一）课前礼仪

学生进入教室要仪容清洁，头发整齐，男生不要胡子拉碴，女生不要浓妆艳抹。衣着要整洁。夏天不穿背心、拖鞋进教室，不敞胸露怀。学生在上课铃响之前进入教室，摆好书本、笔记本等学习用品，等候老师的到来。值日的学生提前备好粉笔，擦净黑板，打开多媒体设备，为老师上课做好准备。

（二）课上礼仪

1. 讲究卫生，整洁安静

教室是学习的场所，大学生要自觉地保持教室的整洁、安静，创造良好的学习环境和气氛。课前要清扫教室，摆齐桌椅。在上课过程中要始终保持教室的清洁卫生，不在教室内吸烟，不随地吐痰、乱扔纸屑等杂物。如果不是老师提问或要求讨论问题，就不要在上课时讲话，有疑问可以举手提问或课后向老师请教。

2. 上课迟到，步轻声小

学生要按时上课，如果因故迟到，要注意进教室的礼节。进教室前要喊"报告"，得到老师允许后方可入座，不要未经允许就大摇大摆地往里闯。除非是老师询问，否则不要在课堂上解释迟到的原因，而要在课后主动找老师说明，取得老师的谅解。在走向自己的座位时，速度要快，脚步要轻，动作幅度要小，不可有任何滑稽可笑的举止。入座要轻，取课本、笔记本时声音要小。

3. 遵守纪律，尊重老师

当老师步入教室时，大学生要停止说话和一切动作，端坐向老师行注目礼。有的高校对上课时的礼仪有统一规定，如，老师进门走上讲台喊"上课"，紧接着，班长喊"起立"，学生起立后向老师行注目礼，老师也向学生行注目礼，并请学生坐下，然后开始上课。上课时，不能从事与课堂无关的活动。课堂上，不能吃东西、喝水、嚼口香糖、听录音机、玩手机等。

4. 举手示意，起立发言

老师提问时，如要回答问题，要先举手；当老师点到自己名字时，方可起立回答，不可抢答，也不能坐着回答问题。回答问题时，须站姿大方、表情自然、声音洪亮。如果不能回答老师所提的问题或自己察觉答题不妥时，要以合宜的表情和语调致歉。别的同学回答问题时，不要随便插话；回答错了，也不应讥讽和嘲笑。

5. 意见不同，注意方式

老师在授课过程中出现的一些失误，大学生要正确对待。首先要明确指出老师的错误，以免其他学生学到错误的知识。其次，要适时而礼貌地指出老师的失误，给老师思考和商榷的余地，不能使老师难堪，更不能嘲笑老师。

6. 下课铃响，行注目礼

下课铃声响后，待听到老师喊"下课"起立，两眼注视老师行注目礼，待老师离开课堂或经老师允许后方可自由活动，不要一听到下课铃声就急忙收拾东西或到处走动。离开教室时，要让老师先走，也可和老师边走边谈，不可抢先或拥挤着跑出教室。

二、进出办公室礼仪

办公室是老师及学校管理人员办公的地方，是一个严肃安静的场所，同学不要随便进出，以免影响办公。如果有事需要进出办公室，则应注意礼仪。

（一）提前预约

老师在办公室里要处理的事情很多，时间往往安排得很紧凑，随便打扰老师会影响其正常工作，也是一种不礼貌的行为。如果学生到办公室找老师有事，要事先同老师打招呼，预先约定一下时间，让老师有所准备。若是临时有急事或是老师让学生到办公室则另当别论。

礼

办公室作为老师静心工作的地方，学生不经敲门或喊"报告"而突然闯入，不仅有失礼貌，而且会影响老师工作。进入老师办公室必须先敲门后喊"报告"，征得老师同意后方可进去。如果见到老师正在休息，没有紧急的事，不要打扰老师。进入后，应与所有看到的老师都点头致意。

（二）不乱翻老师的东西

老师的办公桌上和抽屉里往往放有许多东西，有的是按一定的次序放置的，便于查找，如果被学生弄乱了，急用时找不到，会影响老师的正常工作；有的是属于保密性质的，如试题，乱翻容易泄密，造成不良后果；有的是属于老师私人的，如钱、日记、信件等，往往涉及个人隐私，乱翻则是非常不礼貌的。因此，若老师暂时不在办公室，需要等候时，不要随便乱翻，可以看看报纸，也可以坐等老师的到来，但是注意不要坐在其他老师的座位上。

（三）不要停留太久

办公室是老师工作的场所，逗留久了，就会影响老师办公。若是学生到办公室找老师有事，老师给予明确答复后，要及时离开；若是老师找学生到办公室有事，老师交待完事情后，也不要久留。

（四）要保持礼貌

学生到办公室办完事离开时，如果是去请教的，要表示感谢；如果是老师找学生谈心，在谈心结束时，学生应向老师表示"明白了"或"想通了"等，待老师允许后，方可离去。若是坐着谈的，走前应把椅子放回原处。若老师要送出办公室，学生要请老师留步，不可只顾自己走。如果请教的问题还没有完全解决，或谈话还没有结束，上课铃响了，或已到了下班时间，学生应征求老师的意见，约定继续谈话的时间，然后告别离去。进出办公室的动作要轻，不要大声喧哗，以免影响其他老师工作。

三、造访老师礼仪

（一）事先预约

有事需要拜访老师应该事先约好，临时拜访，做不速之客是不礼貌的。预约时间要尽量准确，并且要照顾老师的时间安排。拜访时间不宜太早，白天应避开吃饭和休息时间，晚上不宜太晚。约时间的同时要说清楚拜访事由，让老师事先有准备。

（二）守时践约

拜访老师要准时，不要提前，更不要迟到。若提前到了可在附近稍候，等约定的时间到了再进去。因为到居室拜访，在别人没准备好之前提前到达容易引起尴尬。迟到也是很不礼貌的事，因不可避免的原因不能按时到达，应想办法提前通知老师并诚恳道歉；通知不了老师，事后一定要专门道歉，争取谅解。

（三）礼貌敲门

到了老师家门口要先按门铃或敲门，门即使开着的也要敲门。按门铃或敲门时动作要轻，要有节奏地停顿，仔细听是否有回音。不要连续不断用力敲门。

（四）见面问候

老师开门后要问候老师。若去不认识的老师家拜访应先确认老师的身份，如"您好，请问这是张老师的家吗？""张老师在家吗？"，如果敲错门，要及时道歉。确认老师的身份后，要道声问候并作自我介绍，如"张老师打扰您了，我是旅游系的学生，叫×××"。待老师邀请后才可进门。进屋后，屋里若有其他的人，应与其他人点头致意。

（五）谈吐文雅

进屋后，老师请坐后再坐下，并向老师谢座。与老师交谈时注意交谈礼节。

（六）控制时间

一般以不超过20分钟为宜。到吃饭、休息时间时应告辞，有其他客人来访时也应告辞。不要经常看时间，让人觉得急于离开，也不要在老师说完一段话或一件事后，立即提出告辞，这样会使老师觉得你不耐烦和不感兴趣。告辞时一般遵从"先谢后辞"的原则，如恭敬地对老师说"谢谢您的帮助指教，打扰多时了，我该告辞了，再见"。老师相送，应及时请老师留步。

【拓展阅读】

程门立雪

北宋时期，福建省将乐县有个叫杨时的进士，他特别喜好钻研学问，到处寻师访友，曾就学于洛阳著名学者程颢门下。程颢又将杨时推荐到其弟程颐门下，在洛阳伊川所建的伊川书院中求学。杨时那时已四十多岁，学问也相当高，但他仍然谦虚谨慎，不骄不躁，尊师敬友，深得程颐的喜爱，被程颐视为得意门生。一天，杨时同一起学习的游酢向程颐请教学问，却不巧赶上老师正在屋中打盹儿。杨时便劝告游酢不要惊动老师，于是两人静立门口，等老师醒来。一会儿，天飘起鹅毛大雪，越下越急，杨时和游酢却还立在雪中，游酢实在冻得受不了，几次想叫醒程颐，都被杨时阻拦住了。直到程颐一觉醒来，才赫然发现门外的两个雪人！从此，程颐深受感动，更加尽心尽力教杨时，杨时不负众望，终于学到了老师的全部学问。之后，杨时回到南方传播程氏理学，且形成独家学派，世称"龟山先生"。后人便用"程门立雪"这个典故，来赞扬那些求学师门、诚心专志、尊师重道的学子。

（资料来源：王晓亮，中国古代名人故事，中国戏剧出版社，2007）

四、宿舍礼仪

大学四年，宿舍生活占据了大学生活的大部分时间。很多大学生把宿舍当成自己的第二个家，宿舍成为心灵栖息的场所和装载着梦想和幸福的家园，直接影响同学之间的人际关系及学习状况。因此，大学生理所当然地要自觉遵守宿舍礼仪规范，维护良好的宿舍环境与秩序。

【自我测试】

这个测试可以检测出你是否处于一个"压抑郁结"的宿舍，你不妨做做看。请在下面符合你的宿舍情况的题目后打"√"。

1. 宿舍里经常发生联手排挤某个人的现象。　　　　　（　　）
2. 即使室友们都在，宿舍也经常处于鸦雀无声的状态。（　　）
3. 经常有作息时间的争论，比如何时关灯等。　　　　（　　）
4. 有些室友的行为经常引起大家的不满。　　　　　　（　　）
5. 为了明哲保身，大家通常都不会指出室友的错误做法。（　　）
6. 宿舍分为两三个小圈子，圈子之间互相不理睬甚至有较大冲突。
　　　　　　　　　　　　　　　　　　　　　　　（　　）
7. 有恃强凌弱现象，而且比较严重。　　　　　　　　（　　）
8. 通常大家的做法都是"各家自扫门前雪"。　　　　（　　）

如果你打"√"的个数超过 3 个，表明在你的心中或多或少（或许你并没有察觉到）积蓄着对某位室友的不满，他或她也许就是导致你宿舍不满情绪的导火索。这种不满情绪会对大家的身心造成不良的影响，必须寻找方法改善关系。

数据统计结果显示：60% 的学生认为寝室里有自己最不喜欢的人，33% 的学生认为室友之间不能互相关心和融洽相处。

问题：宿舍关系不和引发冲突。

原因：差异是产生冲突的根源。

大学是大学生从学校步入社会的过渡时期，大学生要学会勇敢地接受现实、面对现实，多主动与室友交谈，经常组织聚会，善于发现室友的优点并及时赞美，多关心室友，不计较小事。用行动去改善关系，为自己创造一个和谐的学习、生活环境。建议大学生遵守以下几个方面的礼仪规范。

【思考一下】
在宿舍人际交往中你认为最棘手的问题有哪些？请大家集思广益，探讨宿舍人际交往的技巧和化解室友矛盾的方法。

（一）严格遵守作息制度

1. 按时回宿舍

大学生要在学校规定的时间内出入宿舍，尤其是夜间，必须在规定时间以前回宿舍。如果有特殊原因而未能按时回来，应如实向管理人员说明原因，并表示歉意。

礼

2. 按时熄灯就寝

洗漱等活动要在熄灯前完成，熄灯后马上就寝，切忌在走廊、宿舍里大声喧哗、唱歌。熄灯后的"卧谈"可以进行，但不宜过长。睡前有听音乐习惯的同学要使用耳机，或尽量把音量调低，以免影响室友休息，听的时间也不宜过长，应保持旺盛的精力迎接第二天的学习。

3. 按时起床

清晨要按时起床，或在不影响室友正常休息的前提下适当早起。起床后可以先跑步或学习外语等，然后洗漱、吃饭，准备上课。不要养成睡懒觉的习惯。

（二）内外整洁，美化环境

整洁、卫生的宿舍环境，不仅有利于学生的身心健康，也给学生创造了良好的生活条件。所以，在做好个人卫生的同时，还应该共同保持宿舍的整洁。

（1）做好值日卫生。

（2）保持宿舍的整洁。

（3）保持宿舍外公共场所的卫生。

（三）爱护公物，遵守秩序

（1）爱护宿舍内的设施。

（2）不可随意留宿外来人员。

（3）不要在宿舍内乱拉电线、乱用电器（图1-3）。

图 1-3　正确使用电器

（四）相互适应，尊重个性

大学生来自五湖四海，个人生活习惯、性格往往差异很大，但又生活在一起，形成一个小集体。要正确处理个人和集体的关系，求大同存小异，形成一个团结、友爱、共同进步的集体。

1. 要相互适应

首先，要相互尊重。尊重他人的信仰、饮食习惯、学习习惯、生活习惯等，相互之间留有适当独立的时空。其次，要相互宽容。对自己，要多批评；对别人，要宽容大度，不过于苛求。再次，要相互靠拢。要自觉地淡化生活中与大多数成员相异的习惯，尽可能地向集体靠拢，与集体保持一致，这样，整个宿舍才能营造出和谐、宽松的气氛。

2. 尊重个人的独立性

思想交流是需要的，但不能把自己的思想强加于人。要尊重个人的隐私，不可私自翻阅他人日记，不可打听他人的隐私。同学间的"关心"也应有限度，如果过分热心于别人的私事，也可能会导致侵犯他人的个人权利。假如有意或无意地干预别人的私事，也可能会造成难堪的后果。

交友"十要"

以诚待人：礼貌周到，多关心他人。

信守承诺：说到做到，讲求效率。

全神贯注：集中注意力，心无旁骛。

信任培育：用电话、卡片、邮件、社交软件等保持联络，孕育出彼此的信任。

尊重对方：别把他人只视作工作上该联络的对象。

赞美别人：不吝于给予赞美和鼓励，表达感激，让好话传遍千里。

时时感恩：别忘了在听过别人赞美声之后说声谢谢。

承担责任：勇于为自己犯下的错误承担责任，不推脱找借口。

绝不居功："功劳该归谁，就给谁"。

不忘幽默：保持对生活的感性和幽默，享受人际交往的过程。

（资料来源：中国礼仪网，有改动）

【自我测试】

请根据下面几个问题进行自我测试，看看自己是否遵守了宿舍礼仪规范。请在符合自身情况的题目后打"√"。

1. 当室友都在睡觉了，你还在打电话吗？　　　　　　　　（　　）

2. 当室友都需要休息的时候，你还在寝室里大声唱歌吗？（　　）

3. 寝室需要打扫，你经常做吗？　　　　　　　　　　　　（　　）

4. 你用过大功率的电器吗？　　　　　　　　　　　　　　（　　）

5. 你乱丢过果皮纸屑吗？　　　　　　　　　　　　　　　（　　）

6. 你在寝室里经常出口成"脏"吗？　　　　　　　　　　（　　）

如果你打"√"的个数超过 3，表明你的行为或多或少会在室友的心目中留下不良印象，如果不及时察觉并加以改正，时间长了必然会有不良影响。建议同学们遵守学校的规章制度，加强自己的行为修养，能够对室友的感同身受，多和室友沟通，不要以自我为中心，把自己隔离开来。

建议：营造和谐的宿舍文化。

五、交谈礼仪

校园语言礼仪，既是衡量一个学校文明素质的标尺，也是展现一个国家国民素质的社会窗口。大学生是民族的希望、国家的未来，应该是积极的、阳光的，代表先进方向的事物。大学生必须做到语言文明，杜绝说脏话、粗话，养成习惯，使用礼貌用语。最基本要求是：真诚友善、谈吐文雅、语言轻柔、词语亲切、音量适中、讲究语言艺术，使用普通话与人交谈。

图 1-4　与老师交谈

（一）与老师交谈的礼仪（图 1-4）

与老师交谈时要注意以下几点。

（1）与老师交谈要热情礼貌，态度诚恳，说话要实实在在，实事求是。客套太多也是一种失礼。

（2）认真倾听老师的讲话，与老师交流的时间应有 50% 以上，注视位置大致在老师的双肩与头的三角区，必要时以点头来应和老师的讲话。

（3）交谈中少打手势，音量适中。手势过大和声音过大都是不礼貌的。一般来讲，手势的幅度是上不过肩、下不过腰。

（4）距离适中。交谈距离 1.5 米左右，太近和太远都是不礼貌的。

（5）不要随便打断老师谈话，如果有急事需要先离开，应向老师打招呼表示歉意。

（6）当你不赞成老师的观点时，不要直接顶撞，更不要反问和质问老师，应婉转地表达自己的看法，如可以说"这个问题值得我考虑一下，不过我认为似乎……"等。

【课堂活动】

以下列事件为背景，课堂随机抽取 4 名同学为一组，演示如何接待老师。

1. 第一组：老师到学生宿舍探望

1 人扮演教师，3 人扮演学生。

2. 第二组：老师家访

1 人扮演老师，1 人扮演学生，2 人扮演家长。

3. 第三组：邀请老师参加班级活动

1 人扮演老师，2 人扮演学生，1 人扮演负责接待的学生。

4. 第四组：到办公室找老师

1 人扮演学生，3 人扮演老师。

图 1-5　与同学交谈

（二）与同学交谈的礼仪（图 1-5）

在大学环境里，同学们朝夕相处，彼此是亲密的伙伴。同学情谊是大学生活中最宝贵的财富，它具有纯真、浪漫、充满活力的特点。为此，与同学交往应注意遵循相关的礼仪规范，从而建立一个和睦的同学关系网，使自己度过一段美好难忘的大学时光。虽然同与老师交谈相比，大学生之间的交谈比较随意，但也有一定的礼仪规范。

（1）见面要主动与同学打招呼问候。这一方面表示出自己对同学的尊重，另一方面也显示出自己自信、健康的心态。

（2）当同学遇到困难，如学习暂时落后，遭遇不幸，偶尔的失败，不应嘲笑、讽刺、歧视，而应该热情帮助，真诚地伸出援助之手。

（3）对同学的相貌、体态、衣着不要品头论足，尤其不能对同学的生理缺陷进行嘲笑，更不能给同学起侮辱性的绰号。

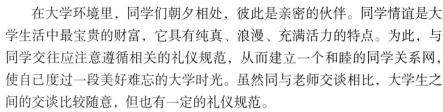

（4）男女同学交往要互相尊重，谈吐举止有分寸。交往大方而不轻浮，开玩笑要适当、适度，不宜动手动脚和打打闹闹。

（5）有求于同学时，要用"请""谢谢""麻烦你"等礼貌语言；借用学习用品时，应先征得同意，用后及时归还并致谢。

六、校园公共场合礼仪

校园公共场所是同学们生活、学习和娱乐的地方，每个学生都有责任维护它的秩序。校园环境对新生有着潜移默化的作用，它应该是一个既严肃又亲切，既庄严又活泼，既紧张又文明的地方。为此，学校要建立起一套校园公共场所和生活场所的礼仪规范。

（一）行路礼仪

学生去教室、食堂、图书馆等都离不开行路，行路要遵守应有的礼仪规范。

（1）路遇老师、同学等要主动打招呼。需要交谈时应站在路边，不妨碍他人的行路和车辆的通行。

（2）维护校园的环境卫生，不随地吐痰、乱扔果皮等杂物。

（3）在校园上下楼梯、楼道或在街道行走时应自觉靠右行走；上下楼梯或走在狭窄的通道时遇到师长应主动站立一旁，让其先走。

（4）骑自行车要遵守交通规则，人多拥挤的地方要礼让三分，对老师、女生更是如此。进出校门要下车，自行车应停放在指定的地点。

（二）图书馆阅览礼仪（图 1-6）

图书馆是知识的海洋，是与智者对话的地方。在图书馆里讲究礼貌公德，体现出的是一个人的文化知识素养。学校图书馆拥有着成千上万的馆藏，同学们进出图书馆，在丰富知识的同时，也能有效地历练其礼仪修养。

图 1-6　图书馆自习

【思考一下】

同学之间，同性交往和异性交往需要特别注意什么？

【思考一下】

在校园公共场所，我们应该遵守哪些礼仪呢？

【思考一下】

你所看到的楼道里是什么样的场景？有没有不符合礼仪规范的现象？

（1）进入图书馆时，着装要整洁干净，双手要干净，不要穿背心、拖鞋入内。

（2）要按先后次序进入，举止文雅，礼貌恭敬，学会用"请""您""帮""谢谢"等礼貌用语。

（3）要保持安静，不可大声喧哗或吃零食。走路、入座、离座、翻书的动作要轻，阅读时不要出声。不要为朋友占座位，不要在阅览室睡觉。

（4）不可在书上乱涂乱画或随意剪裁图书资料。

（5）离馆时，要把书刊放回原处，把桌椅整理干净，并将废纸等杂物扔进垃圾箱内。

（6）图书的流动越快，发挥的作用就越大，每个借阅图书的人都应速看速还。借书后迟迟不还，是缺乏社会公德的表现。

（三）餐厅礼仪

学校食堂是师生共同就餐的场所。就餐人数多，就餐时间集中，工作人员往往比较繁忙。作为大学生，应注意就餐的礼仪。

（1）注意使用礼貌的称呼和礼貌的语言。如"师傅""请""麻烦您""谢谢""对不起"等。

（2）自觉按次序买饭，不拥挤、插队。

【思考一下】

你在食堂就餐时的表现符合餐厅礼仪吗？

（3）文明就餐。进餐时保持安静，切勿大声喧哗。吃饭时不酗酒，不穿不宜在公共场所穿的拖鞋、内裤等。吃饭时不敲打餐具。饭后及时离开，给其他同学腾出位置。

（4）不浪费粮食，不随地乱倒剩菜剩饭。

【礼仪小贴士】

口内有食物，应避免说话。

切忌用手指掏牙，应用牙签，并以手或手帕遮掩。

避免在餐桌上咳嗽、打喷嚏。

在进饭厅前，应把正在咀嚼的口香糖吐出，用纸包好，扔进垃圾桶。

吃到鱼头、鱼刺、骨头等物时，不要往外面吐，也不要往地上扔。

吃饭时不要大声喧哗。

（四）观看体育比赛礼仪

（1）准时排队入场，对号入座。不要带易燃易爆品和宠物入场。

（2）观看比赛时，不要随意在看台上走动或站着观看。不抽烟，不吃进食时容易发出声响的食品，不大声喧哗。切忌起哄、吹口哨、喝倒彩、扔东西。

（3）遵守拍照的有关规定，不能使用闪光灯。

（4）适时热情地为双方运动员加油，不得嘲讽、辱骂裁判员、运动员和教练员。

（5）拉拉队要尊重裁判，所使用的标语、口号的内容要文明健康。喝彩、助威要适时、适度，以免干扰运动员的比赛情绪和比赛节奏。

（6）比赛结束时，要向双方运动员鼓掌致意。无特殊情况，一般不要中途退场。退场时，不要争先恐后，并将果皮等杂物带到场外垃圾箱。

（五）影剧院礼仪

（1）提前入场，如在演出或电影开场后到场，应轻轻地入座，穿过座位时姿态要低，脚步要轻，不要影响他人观看。对起身让座的观众要致谢。

（2）要自觉遵守场内规则，不吃有响声的食物，不随地吐痰、乱扔果皮纸屑等。

（3）观看时坐姿要稳，不要左右摇晃，不要把脚蹬在前排的座位靠背上。

（4）节目演出或电影放映时要保持安静，不要大声讨论、说话。

（5）遇到咳嗽、打喷嚏时要用手帕捂住鼻口，以防飞沫溅到他人的身体上。

（6）演出时或影片放映中不应随便走动，也不应随便退场；不得已退场时，离座要动作轻、身姿低，不要站在过道或剧场门口。

校园文明礼貌用语练习　　　　　　　　　　　　**【课堂活动】**

请同学们以两人为一组练习日常礼貌用语。

常见校园文明礼貌用语：

1. 见面问候语：您好；早上好；晚上好；您好，见到您很高兴。

2. 分手辞别语：再见；再会；祝您一路顺风；希望不久的将来还能在这里见到您。

3. 求助于人语：请；请问；请帮忙；请帮助我一下；请多指教。

4. 受人相助语：谢谢；麻烦您了；非常感谢！

5. 得到感谢语：不客气；不用谢。

6. 打扰别人语：请原谅；对不起；给您添麻烦了；让您受累了。

7. 听到致歉语：不要紧；没关系；您不必介意。

8. 接待来客语：请进；请坐；请喝茶；再次见到您，真是十分高兴；欢迎光临。

9. 送别客人语：再见；慢走；欢迎再来。

10. 无力助人语：抱歉；实在对不起；请原谅。

11. 提醒别人语：请您小心；请您注意；请您别急。

12. 慰问语：您辛苦了；让您受累了；给您添麻烦了。

13. 赞美语：您干得很好；太棒了；您真了不起；这太美了。

14. 排队语：请大家自觉排队；请您排队好吗？

15. 接打电话语：接：您好！我是某某某，请讲。挂：谢谢，再见。

【课后实训】　　　　　"我身边的不文明行为"调查活动

活动要求：

（1）注意观察自己身边的人和事，把不文明现象和行为列举出来，填写表1-1。

（2）针对以上不文明现象和行为谈谈你的感受，并提出具体的改进措施和建议。

表1-1 校园礼仪评价表

考核项目	考核内容	分 值	自评分	小组评分	综合分
出入礼仪	穿戴朴素整洁	5			
	主动问候老师	5			
	遵守学校制度	5			
	尊重帮助老师	5			
教室礼仪	遵守课堂纪律	5			
	遵守上课时间	5			
	完成值日工作	5			
	完成课后作业	5			
餐厅礼仪	自觉排队	5			
	保持卫生	5			
	节约粮食	5			
	爱护公物	5			
宿舍礼仪	保持整洁	5			
	按时就寝	5			
	互相尊重	5			
	节约水电	5			
图书馆礼仪	衣着整洁	5			
	保持安静	5			
	爱护图书	5			
	及时归还	5			
总　　计					
个人分析					

衣如其人，人如其衣

项目二

仪表礼仪

案例一　　　　　　　　　　　　　　　　　　　　　　【案例赏析】

讲究仪表的周总理

周总理是一位风度翩翩的政治家。周总理虽然出国从不裁衣，也几乎没有什么新衣服，却很重视仪表。他认为仪表整洁是对人的尊重，讲究仪表是中华民族的传统美德。周总理的胡须是很有名的，长得快且浓，没几天就要修理一下。如果是接见外宾，就要请北京饭店的朱师傅到家里专门为其修面剃须，或是在汽车上抓紧时间用电动剃须刀刮脸。时间一长，秘书或身边的工作人员一看周总理剃须，便知他要参加重要的外事活动。

南开中学创始人张伯苓曾专门在校门的一侧设立了一面"整容镜"。镜子上刻着严修书写的"容止格言"："面必净，发必理，衣必整，钮必结。头容正，肩容平，胸容宽，背容直。气象：勿傲、勿暴、勿怠。颜色：宜和、宜静、宜庄。"1913 年秋，15 岁的周恩来考入南开中学，被这"镜箴"所吸引，并自觉地以此规范自己的仪容仪表。后来，周总理成为世界公认的最有风度的国家领导人和外交家之一，他的一举一动都给人留下了深刻难忘的印象。人们用"富有魅力""无与伦比"等词语来赞美他的翩翩风度。

案例二

日本前首相鸠山由纪夫曾因一件"鹦鹉衬衫"而引发了一场"时尚"风波。鸠山由纪夫的这件衬衫由五大色块的格纹拼接而成，完全是 20 世纪 80 年代的产物。更要命的是，鸠山由纪夫不仅在这件衬衫内搭配了黑色高领打底衣，还穿了一条高腰裤，手中的西服居然是紫色的。对于日本这个时尚业极度发达的国家来说，首相如此过时的打扮，是民众很难容忍的。日本时尚评论家小西良幸就一针见血地指出，鸠山由纪夫的思维和想法陈腐，难以带领日本"克服危机"。此后，鸠山由纪夫的民意支持率持续下降，这不排除部分原因就是"穿错衣"事件。

（资料来源：新华网，有改动）

【启　示】　　从案例中我们可以看出，仪容仪表的作用很大，是不可忽视的。公务人员与商务人员尤其需要对自己的仪容仪表进行精心的修饰打扮，以给人留下良好的第一印象，也便于日后的公务或商务交往，所以掌握正确的仪容仪表礼仪至关重要。正如这句话："外表的魅力可以让你处处受欢迎，不修边幅的营业员给人留下第一印象时也失去了主动权。"

任务 1 仪容修饰

【任务情境】

张帆（男）和李鹤（女）是某高等职业院校电子商务专业的应届毕业生，正在找工作。

张帆的个人情况：21 岁，皮肤发黄，染过的头发有点长，三角脸，个人体毛较重，有连鬓胡子，身高 1.72 米，体重 70 千克。

李鹤的个人情况：21 岁，皮肤微黑，国字脸，留披肩长发，身高 1.68 米，体重 65 千克。

他们都要去一家电子商务公司应聘技术人员，该公司招聘对象不限性别。

"人的一切都应该是美丽的：面貌、衣裳、心灵、思想。"如果用这句话要求每位职业人士，应该是恰当的。职业人士的仪容反映了所在工作单位的管理水平，同时也对工作环境和人事关系产生重要的影响，所以我们一定要重视仪容修饰的原则和技巧。

仪容主要是指人的容貌，包括头发、面部、手臂、手掌等。在人际交往中，一个人的仪容往往是其身体上最受对方注意的部分。

【思考一下】
1. 请你提示张帆应聘时在仪容方面应注意什么，并帮他设计发型。
2. 请你帮李鹤设计一下应聘时的妆容及发型。

一、仪容修饰的原则

仪容是一个人精神面貌的最直接展现。良好的仪容，往往能吸引人的第一目光。职业人士掌握正确的仪容礼仪，能给交往对象留下良好的第一对象。一般来说，仪容修饰必须遵循以下两个原则。

（一）整洁自然

1. 仪容须整洁

要坚持勤洗澡、勤洗脸，颈部和手部都要保持干净，并且要经常注意去除眼角、鼻孔及口部的分泌物。保证口腔卫生，坚持每天早晚刷牙，如有可能的话，吃完每顿饭以后都要刷牙，在参加正式的交际场合之前也应该刷牙。另外，还要勤剪指甲，不要留长指甲，以指甲的长度与指尖齐平为最佳，并保证指甲内部无污垢，指甲两侧无死皮。要勤换衣物，身体不要有异味。清洁干净是仪容修饰的前提，也是礼仪的基本要求，还是当今社会中人与人交往相互尊重的表现。

每个人都应该保持仪容的整洁，不能邋里邋遢、散漫、随便。一般来说，头发不凌乱、长度适中，不留太长的胡须，保证每天剃须，衣着整齐、端正。保持仪容整洁的关键在于持之以恒。

仪容规范

2. 仪容当自然

仪容一定要自然简约、端庄大方，这样不仅能给人以美感，而且还容易赢得他人的信任。相比较之下，如果仪容花里胡哨、轻浮怪异，很难赢得他人的信任。

（二）修饰避人

无论男士还是女士，都应在出席社交场合、商务场合之前完成自己仪容的整理、修饰，不宜在社交场合或公共场合"修饰"自己，如补妆、整理衣裤、摆弄头发、清理鼻孔等。

二、职场女士修饰的原则与技巧

在职场，对女士仪容的要求比较严格，女士不仅要遵守仪容礼仪的基本规则，还要了解化妆、皮肤保养、香水使用等方面的常识，并掌握相关技巧。

（一）发型选择

俗话说，远看头，近看脚。对女士尤其如此。职业女性应根据不同场合、脸形、体型选择恰当的发型，突出自身的优点，展现个人魅力。在发型选择时应注意以下几点。

1. 发型与场合

职业女性的发型不要过于新潮和夸张。发型要与职业、场合相协调。上班时间，刘海不过眉，发长不过肩。如果留有长发，正式场合和重要场合最好将长发盘起、挽起或束起。若有必要使用发卡、发带或发箍时，应该选黑色、蓝色、棕色等朴实无华的颜色，不要戴色彩艳丽、太过闪亮或图案夸张的发饰。在休闲场合和个人社交活动场合，发型则可时尚、美丽一些。

2. 发型与脸型

发型与脸型的配合十分重要，发型和脸型配合适当，可以表现个人的性格、气质，而且使人更具有魅力，下面是几种常见的脸型及其适合的发型。

（1）圆形脸。圆形脸的人适合能把圆的部分遮盖住，显得脸长一点的发型。最好是一样长度的头发，而且不要在中间分缝。千万不要剪分层太多的头发，因为头发贴在脸上，会使脸看上去更大。也可以将前额露出一部分，这样可以使脸看上去长一点。

图 2-1　圆形脸

（2）长脸。所选发型要使你的脸看上去没有那么长。利用好刘海，头顶的头发不要太高，不要增加脸的长度。不要留平直、中分缝的头发。也不要把头发剪得太短或梳不留刘海的发型。可以剪到腮以上、侧分的发型，这样会显得脸稍圆。头发也可以长至耳根，稍微剪些刘海。如果要留长发，一定得留刘海，也可以在两边修些碎发，盖住脸庞。

（3）方形脸。选发型最主要的目标就是尽量把脸上的棱角盖住，使脸上的棱角不太明显。头发不要剪得太短，也不要剪得太平直。头发要有一定高度，并在两侧留刘海，以缓和脸的方正。头发侧分，一边多，一边少，可以造成鹅蛋脸的感觉。

图 2-2　方形脸

（4）心形脸。选择发型有一个目标，就是要确保头发能够修饰尖尖的下巴。

3. 发型与体形

发型与体形有着密切的关系，发型处理得当，对体形能起到扬长避短的作用，反之就会夸大体形的缺点，破坏整体的美感。应避免将头发削剪得太短、太薄，或高盘于头顶上。女性头发长至下巴与锁骨之间比较理想，且要使头发显得厚实、有分量。高瘦身材的人比较适宜留长发、直发。个子矮小的人发型应以秀气、精致为主，避免粗犷、蓬松，否则会使头部与整个形体的比例失调，给人以大头小身体的感觉。身材矮小者也不适宜留长发，因为长发会使头显得大，破坏人体比例的协调。高大体形的人发式上应以简洁、大方为主，一般适合直发或大波浪卷发，头发不要太蓬松。矮胖者可以选择运动式发型，一般不要留披肩长发。

总之，发型选择应扬长避短，体现悠悠风韵、勃勃生机。

（二）皮肤护理

职业女性不仅要有干练的外表，还应该有光洁的皮肤，能焕发出青春的活力与魅力，所以职业女性应该特别注意皮肤的保养。女性在进行皮肤保养时，要了解自己的肤质，选择适合自己的护肤产品，当然采用正确的方法也是至关重要的。女性皮肤护理一般应注意以下几个方面。

1. 清洁

每天早晨、晚上各做一次清洁，使用卸妆油和洁面乳，温和而彻底地卸除脸上的化妆品、皮肤表面的油脂和污垢。

2. 面膜

每星期使用营养面膜 2～3 次，可以供给皮肤所需营养，使女性呈现清新、光彩的容貌。

3. 爽肤

使用化妆水或爽肤水可以起到二次清洁皮肤的作用，并软化角质，平衡 pH 值，收缩毛孔，同时也能增加皮肤的柔软感。不过需要注意的是，使用爽肤水要避开眼部。

4. 营养

面霜或乳液可以给皮肤提供所需的水分及营养，能使皮肤呈现最佳状态，保持皮肤的柔润光滑。

5. 保护

使用隔离霜、防晒霜可以使皮肤避免环境中有害物质的伤害，使皮肤呈现光滑、匀称的光彩。

（三）面部化妆

女士出席各种场合时，化妆是美化仪容仪表的重要手段，同时化妆也是一种礼仪。适度而得体的化妆可以体现女性端庄、温柔、美丽、大方的气质，展示职业女性的独特魅力。当然，化妆一定要适当，要恰如其分，适当的化妆不仅可以突出女性最美的部分，还可以掩盖或矫正缺陷或不足的部分。

1. 化妆原则

（1）化妆要自然。"清水出芙蓉，天然去雕饰"。化妆的基本要求是自然，化妆的最高境界也是自然。职业女性化妆的基本要求是"化妆上岗、淡妆上岗"，也就是在职场中要化妆，而且要化淡妆。化妆之后，要显得自然，没有痕迹，给人一种天生丽质的感觉。切忌化前卫、冷傲的妆容。

（2）化妆要协调。化妆协调包括三个方面：第一，化妆品最好是同一系列，因为不同的化妆品品牌的香型往往不一样，有时会造成冲突，影响效果。第二，化妆的各个部位要协调，不同部位的颜色要过渡好。第三，要与自己的年龄、职业、肤色、场合、服饰相协调。

（3）化妆要避人。化妆是一种个人隐私行为，所以化妆或补妆要遵守修饰避人的基本原则。我们可以选择在无人的地方（如洗手间等）化妆或补妆。一般情况下，女士应该在用餐、出汗之后及时补妆。

2. 生活化妆的基本技巧

"三庭五眼"（图 2-3）是最匀称的面部结构，即："三庭"宽度相等，"五眼"宽度也相等。三庭是指脸的长度比例，把脸的长度分成三个等分，从前额发际线到眉骨，从眉骨到鼻底，从鼻底到下颏，各占脸长的 1/3。五眼是指脸的宽度比例，以眼形长度作为单位，把脸的宽度分成五个等

分，即从左侧发际到右侧发际，为五只眼睛的间距。两只眼睛之间有一只
眼睛的间距，两眼的外侧到左、右侧发际各有一只眼睛的间距。

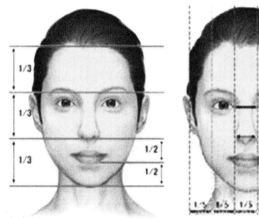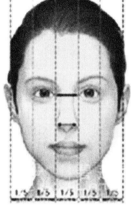

图 2-3　三庭五眼

　　从某种程度上说，化妆就是把不标准的脸型通过化妆进行适当的调整
和弥补。化妆一般依照以下步骤进行。

　　（1）洁面。洁面是化妆前的第一步。选择适合自己的洁面乳清洁脸部
肌肤，去除油渍、汗水、灰尘等污垢，然后拍上适量的化妆水或爽肤水，
再涂上乳液或面霜。

　　（2）打底（图 2-4）。粉底可以覆盖面部的斑点、毛孔，也可以减轻面
部的油光。应根据自己的皮肤类型选用粉底。粉底的颜色要与面部肤色相
协调。使用时，应注意不要让脸部与脖颈之间出现明显的分界线。

图 2-4　打底

　　（3）眉毛修饰。眉毛强调自然美，修眉不要过多地改变自己原本的眉
形，画眉要顺着眉毛的自然形状一根一根描画，眉毛不要画得太浓或太
细，颜色应接近头发的颜色。同时注意不同脸型要配以不同的眉形。

【拓展阅读】

　　常见的眉形与脸型的搭配（图 2-5）：

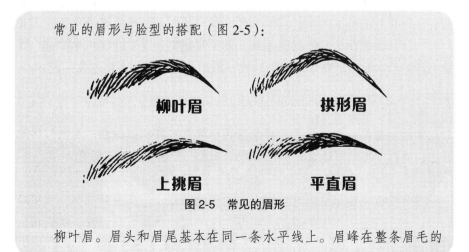

柳叶眉　　　　　　　拱形眉

上挑眉　　　　　　　平直眉

图 2-5　常见的眉形

　　柳叶眉。眉头和眉尾基本在同一条水平线上。眉峰在整条眉毛的

2/3 处。这是比较百搭和常见的眉形，基本上没有年龄和脸型的过多要求，适合大部分人。

上挑眉。眉头低，眉尾高，眉头和眉尾不在一条水平线上。眉峰在整条眉毛的 2/3 处或者是 3/4 处。这样的眉形会比较适合圆脸型的人或者是脸盘儿左右比例稍大一些的人。

拱形眉。眉头和眉尾基本上是在一条水平线上，眉峰在整条眉毛的接近 1/2 处的地方。整个眉毛的形状弧度较大，成拱形。这样的眉毛比较适合菱形脸或者是三角形脸的人。

平直眉。眉头和眉尾在一条水平线上，眉峰在整条眉毛的 2/3 处或者 3/4 处。眉峰呈菱形，眉尾较短。这样的眉形适合脸型稍长的人。

（4）眼妆。眼部化妆的步骤，一般是先涂眼影，然后画眼线，最后涂睫毛膏。

图 2-6　涂眼影

涂眼影（图 2-6）。首先要选择适合自己出席场合的眼影，上班族一般要化淡妆，所以在涂眼影的时候也要选择浅色，给人优雅端庄的感觉。参加社交活动时，可以选择黑色的眼影，衬托整个眼部的轮廓，涂黑色眼影能给人眼睛变大的感觉。其次要挑选适合自己肤色和着装的眼影颜色，一般亚洲女性可以选择黑色、棕色两个基本色，不同的服装搭配不同的色调就可以了。

画眼线。画眼线是为了使眼睛显得更明亮有神。眼线要沿着睫毛根部轻轻地画。上眼线可以从内向外画，外眼角稍微粗重一些；下眼线可以从外向内画，只画 2/3 即可，也可以眼头、眼尾各画 1/3，中间 1/3 不画。眼线笔一般都有自然、柔和的特点，可以描画出自然有层次的妆效，适合初学者使用，比眼线液更容易掌握。

图 2-7　涂睫毛膏

涂睫毛膏（图 2-7）。睫毛膏可以使睫毛显得纤长、浓密，而且能突出眼部的神韵。睫毛膏的颜色很多，以黑色最为常用，因为黑色睫毛膏更容易表现出睫毛浓密的效果，其他颜色一般只适用于特殊效果的化妆。需要注意的是，无论什么颜色的睫毛膏，使用时都要和眼影的颜色相协调。涂睫毛膏的基本原则是要保持睫毛一根一根的自然状态，不粘连在一起。

【礼仪小贴士】

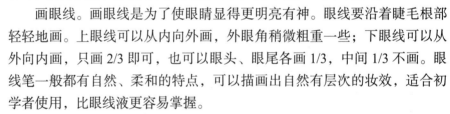

眼影颜色搭配小窍门：

紫色可搭配粉色；绿色可搭配蓝色；绿色可搭配淡棕色；黄色可搭配蓝色；橘色可搭配深绿蓝；粉色可搭配黄色；紫色可搭配蓝绿色。

（5）唇妆。唇部是面部比较引人注目的部位。怎样画唇部呢？如果嘴唇比较干，或者为了保护唇部，可以先涂一层护唇膏或润唇膏，然后再涂唇膏。

画唇线（图 2-8）。首先选择和肤色相近的唇线笔，确定上唇的唇峰，然后从嘴角开始，往唇峰描画。上唇线画好之后，画下唇线。画下唇线时，也要从嘴角向中间描画，下唇线的线条可适当放宽一点。需要注意的是，初学者在画唇线时下笔力度一定要轻。

图 2-8　画唇线

涂唇膏（图 2-9）。在画好的唇线中涂上唇膏，唇膏要将整个唇部均匀填满，在唇膏和唇线结合的地方，可以用唇刷轻轻刷，使结合部位融合，避免唇膏超出唇线边界。涂完唇膏，可以用唇部轻含面巾纸，迅速抿一下然后松开。这样，唇膏就可以和唇部肌肤紧密融合，保持自然持久，并不易掉色。注意：不要抿得太重，否则唇膏容易脱落。

（四）香水使用

香水是液态的"宝石"。在现代社会，香水已经走向千千万万普通女性。香水的使用讲求贴合自然、贴合环境，用得好会使你越来越精致、越来越细腻、越来越耐人寻味。反之，则会越来越粗俗、越来越缺乏品位。

图 2-9　涂唇膏

【思考一下】

你的妆容是否适合自己？

1. 香水使用的禁忌

（1）喷香水最大的禁忌就是喷得太多。

（2）不要同时使用不同香味的香水。香水是有语言、有品性的，每一种香水都有自己独特的语言和品性。因此，切忌重叠使用不同的香水，这样就无法表现出香水本身的特质了。

（3）流汗时不要直接在肌肤上涂抹香水。

（4）香水经紫外线照射会产生斑痕，所以不要在直接接触阳光的地方涂抹香水。

（5）不可把香水喷洒在白色衣物上，以免留下污渍。

（6）珠宝、金、银制品不要接触香水。如果要戴珠宝或金银饰品，最好先涂抹好香水再佩戴饰品，否则易使饰品褪色或受到损伤，特别是珍珠类饰品，很容易会因受到带有化学成分的香水影响而改变品质。

2. 香水使用的部位

（1）耳后。耳后的体温较高，非常适合喷洒香水，还可以避免紫外线的直接照射。

（2）脖子。一般脖子是不擦香水的，但脖子后部，由于头发可遮住紫外线的直接照射，所以可以安心喷洒香水。

（3）手腕。这是最常涂抹香水的位置。一般将香水涂抹在手腕内侧脉搏跳动的地方，脉搏的跳动会更好地带动香味的散发。

（4）腿关节。可以把香水擦在关节内侧静脉上，也可喷洒在与关节同样高度的裙子内侧，随着裙摆的摆动、双脚的移动，可以散发出淡淡的香气。

（5）脚踝。脚踝是最适合擦拭香水的地方。把香水擦在脚踝的内侧，走路时会散发阵阵香气。

3. 香水使用的方法（图2-10）

图2-10 使用香水

用手指抹或涂往往会使香水的香气效果不佳，高明的擦法是使香气纤细婉约，在此推荐几种使用方法。

（1）气味浓烈的香水最好选用喷式。将喷雾的距离控制在离身体一条手臂长的距离，然后在香雾里待2～3秒，就可以沾取到柔和的香气了。即使有什么特殊情况也不要朝耳后或颈背猛喷，因为慌张的时候很容易弄糟，而且太过强烈的香气，会适得其反。

（2）用手腕转印香水。先把香水沾在手腕上，然后两只手腕轻轻接触，两只手腕都印上香水，然后再从手腕移到耳后，再擦在合适的部位上。一定要将香水擦在手腕上，待温热后，再有计划地移往其他适当的部位。着急出门时用这种方式擦香水，最为便利。需要注意的是，千万不要用摩擦的方式，而是用转印的方式，否则会破坏香水的分子结构。

（3）少量多处。使用香水基本条件中的最基本的一条就是少量多处。淡淡的香气才是使用香水的高明方法。

（4）在头发上抹香水宜用手指梳理。头发上抹香水的效果令人惊奇。但不能用喷头直接喷，这样香气太直接、不够婉约。最好的方法是用手指从内侧梳起。擦完全身时，把手指上留下的余香梳到头上，或者远远地把香水喷在手上，再像抹发油一样抓一抓就可以了。

（5）使用沾式香水，香水盖的内侧必须擦干净。如果是用手沾香水盖的内部，那么一定要用清洁的布把香水盖的内部擦干净。因为接触肌肤的部分会在不知不觉中受到皮脂与尘埃的污染，如果就这样盖回瓶子，那么对香水的质地和保存是很大的伤害。香水高手都会自备一块专用的布，同样，用干净的手指蘸取也很重要。

（6）用无名指擦抹。无名指是最温柔的，所以擦抹香水时最好用自己的无名指，只要轻轻地在各个地方按压两次即可，平均而轻薄地把香水擦抹在身体各处，这才是擦抹香水的高明方法。

三、男士修饰的技巧

男士仪容的修饰要求比女士略宽松。男士公关与商务人员须注意以下几点。

（一）发型的修饰

在社交中，男士应选择适合自己的脸型、身材、年龄、职业、气质的发型。男士的发型要干净、整洁、规范，长度适中。头发要常洗，最好1～3天洗一次，并且要定期修剪。职场男士不宜留光头，同时也不能留长发。一般认为男士前部的头发不要挡住额头，侧部的头发不要盖住耳朵，同时不要留过厚或者过长的鬓角，后部的头发不要碰到衬衫的领子，这是对男士发型的统一要求。

（二）面部的修饰

1. 清洁（图 2-11）

成年男子皮脂腺的分泌活跃，油脂分泌过多，容易沾上灰尘形成污垢，甚至会出现粉刺而影响面容，因此男士应该使用专用的洁面乳进行面部清洁，并选择适合自己皮肤的护肤品进行皮肤保养，并且可以到男士美容院进行皮肤护理，使自己更加潇洒，更加具有魅力。

2. 修饰

修饰容貌不是女士的专利，男士要显得有风度、庄重、文雅和朝气，容貌修饰也是必不可少的。男士修饰容貌重在修眉，一般以整理为主，按原型稍加修饰，起调整作用。男性眉毛宜粗宜浓，以显阳刚之气。男士可通过涂抹无色唇膏或润唇膏来保持嘴唇的丰满圆润。

图 2-11 清洁面部

3. 剃须

男士要养成每日剃须的习惯，经常剃须可以使面部清洁、容光焕发。除非有特殊的宗教信仰或习俗，商界男士不要蓄须，否则交往对象会认为受到不尊重的待遇。

（三）口腔的清洁（图 2-12）

男士在商务活动中经常会接触到一些有刺激性气味的物品，要注意随时保持口气的清新。此外，还要注意平日少吃生蒜、生葱和韭菜等带刺激性气味的食物。

图 2-12 清洁口腔

【礼仪小贴士】

杜绝以下不良举止：

随地吐痰；当众嚼口香糖；当众挖鼻孔、掏耳朵和挠头皮；在公共场合抖腿；当众打哈欠和剔牙；出言污秽。

【课堂活动】

仪容自测

1. 异味自测

（1）先闻闻衣服有无汗味。

（2）用手遮住，从嘴里呼出一口气，用鼻子闻闻有没有口臭。

（3）闻闻腋下有无异味。

（4）是否喷过量的香水。

2. 身体细节自测

（1）头发是否干净、柔顺。

（2）眼睛是否有眼屎，牙齿是否有残留物，耳朵内外是否干净，手、特别是指甲是否清洁。

（3）男士是否修剪胡须，女士是否体毛过重。

（4）衣服是否整洁，鞋面是否光亮、清洁。

3. 公共场合自测

（1）是否有打哈欠、吐痰、清嗓、打嗝、吸鼻等不雅声音。

（2）在擤鼻涕时，是否在无人场合以手帕或纸巾辅助轻声进行。

【课后实训】

职业形象
设计

　　假如现在要参加一个商务谈判，请大家进行谈判前的个人仪容准备。化妆完毕，请同学们互相评价对方的仪容，并讨论如何使自己的仪容更加完美。

任务 2　服饰礼仪

【任务情境】

> 李强（男）和王倩（女）是某高等职业院校文秘专业的应届毕业生，他们都顺利找到了工作。
>
> 李强在某医疗器械公司销售部做办公室文员。李强的个人情况：22 岁，皮肤白净，身高 1.72 米，体重 70 千克。
>
> 王倩在一家贸易公司做销售部经理的助理。王倩的个人情况：22 岁，皮肤偏黄，相貌一般，留披肩长发，身高 1.68 米，体重 65 千克。

在社会交往中，人们的服饰就是一张特殊的"身份证"，在一定程度上反映着一个人的社会地位、身份、职业、爱好、性格、素养和品位，同时服饰还体现着民族习俗和社会风尚。从一定意义上说，服装就是无声的语言，从侧面真实地传递着一个人的性格、气质、爱好、修养与追求。要使个人形象更具魅力、富有神韵，就要遵循着装礼仪。

一、着装礼仪

（一）国际通用的 TPO 原则

"TPO"是"time""place""occasion"三个英语单词的缩写。"T"代表时间、季节、时代，"P"代表地点，"O"代表场合、时机。着装的 TPO 原则是世界通行的服装穿着打扮的最基本原则，它要求人们的服饰应尽力追求协调。

根据 TPO 原则，着装时应注意以下几个问题。

1. 注意与时间、季节、时代相符

从时间上讲，一年有春、夏、秋、冬四季的交替，一天有 24 小时变化，显而易见，在不同的时间里，着装的类别、式样、造型应有所变化。比如，白天是工作时间，着装要根据自己的工作性质的特点，总体上以庄重大方为原则。如果安排有社交活动或公关活动，则应以典雅端庄为基本着装格调。晚间可能有宴请、听音乐、看演出、赴舞会等社交活动，由于空间的缩小和人们的心理作用，人们往往对晚间活动服饰给予更多的关注与重视。因此晚间的着装要讲究些，礼仪要求也严格些。晚间着装以晚礼服为宜，以形成典雅大方的形象。

另外，一年四季的变化对人们着装的心理和生理也会产生一定的影响，着装时要做到冬暖夏凉、春秋适宜。冬天要穿保暖、御寒的冬装，夏

【思考一下】

1. 今天办公室同事出差了，只有李强一个人留守办公室，请你帮他搭配一套日常工作服饰。

2. 今天王倩要陪销售部经理去和百盛商场的精品店店长谈业务，请你帮她搭配一套合适的服饰。

服饰礼仪

天要穿通气、吸汗、凉爽的夏装。

此外，服饰还应顺应时代的潮流和节奏，过分落伍或过分奇异都会令人侧目。

2. 注意与地点、场合、习俗相符

着装要与地点相宜，要因地制宜。不同的环境、场合需要与之相协调的服饰，以获得视觉与心理上的和谐感。人置身于不同的环境和场合，就应该有不同的服饰穿戴，要注意所穿戴的服饰与周围环境的和谐。从地点上讲，置身在室内或室外，驻足于闹市或乡村，停留在国内或国外，身处于单位或家中，在这些变化不同的地点，着装的款式应当有所不同，切不可以不变应万变。例如，穿泳装出现在海滨、浴场，是人们司空见惯的，但若是穿着它去上班、逛街，则非令人哗然不可。

【知识窗】

根据礼仪规范，着装的具体场合主要有以下三类。

场合之一，公务场合。这主要指的是工作人员上班处理公务的场合。着装方面要重点突出"庄重保守"的风格。现在越来越多的组织、单位开始重视统一着装，这不仅可以给着装者一份自豪，同时也多了一份自觉和约束，成为一个组织和单位的象征。没有统一制服的单位，职员的着装要尽可能与工作环境相协调，不能过分时髦。特别是商务人员，因为经常出入社交场合，他们的着装要高雅、整齐、端庄、大方，以中性颜色为主，不突出形体的线条。具体而言，男士最好是身着蓝色、灰色的西服套装，女士最佳衣着是单一色彩的西服套裙或连衣裙。在公务场合，最好不要穿休闲装。

场合之二，社交场合。社交场合指的是工作之余的交往应酬所处的场合。着装应重点突出"时尚个性"的风格，既不过于保守从众，也不过于邋遢随便。合适的做法是，在需要穿礼服的场合，男士可穿黑色的西服套装，女士可身着单色旗袍或下摆长于膝部的连衣裙。其中，尤其以单色旗袍最具中国特色，并且应用最广泛。在社交场合，最好不要穿制服或便装。

场合之三，休闲场合。休闲场合指的是工作之余个人活动所在的场合。着装应重点突出"舒适自然"的风格。休闲场合衣着不必过于正式，尤其注意不要穿套装或套裙，更不必穿制服。家庭生活中，休闲装、便装更有利于与家人之间沟通感情，营造轻松、愉悦、温馨的氛围。但不能穿睡衣、拖鞋到大街上购物或散步，那是不雅和失礼的。

3. 注意与交往目的和交往对象相符

着装要与交往目的和对象相适应。交往的目的可以从两个方面理解：

一方面是处理公务的目的，比如主持典礼、参加会谈；另一方面是社交。这两个方面都会影响对服饰的选择。从交往对象来说，尤其要注意与外宾、少数民族人们相处时，更要尊重他们的习俗禁忌。

在社会交往的过程中，能够正确地理解并充分地利用服饰的社会功能，对人际交往具有非常重要的意义。一项实验表明，当一个人以不同的仪表装扮出现在同一个地点，遇到的情况完全不同。当一个人身着西装，以绅士的身份出现时，无论是向他问路还是打听事情的陌生人都对他彬彬有礼，显得颇有教养；而当他装扮成流浪汉时，接近他的人则以无业的游民居多。尽管不能以貌取人，但在人际交往中，服饰表达出的意义往往胜过语言。

（二）注意协调

穿着协调是指一个人的衣着要与他的年龄、体形和职业、所处的环境相符合，能给人以和谐的美感（图 2-13）。

1. 和年龄相协调

衣着打扮要与年龄相协调，无论是哪个年龄段的人，都有权利打扮自己，但在打扮时一定要注意，不同年龄段的人衣着打扮有着不同的风格。年轻人应穿着活泼、艳丽、随意一些，要能够充分体现出年轻人的朝气和蓬勃向上的青春之美。中、老年人的着装则要注意庄重、整洁、雅致，要能够体现出中、老年人的成熟与稳重，表现出年轻人所没有的那种成熟美、典雅美。只要衣着与年龄相协调，就都会显现出不同年龄段的独特美。

图 2-13　着装正式

2. 和体形相协调

在生活中，并非每个人的体形都十分理想，人们或多或少地存在着形体上的不完美或欠缺，或高或矮，或胖或瘦。如果能根据自己的体形挑选合适的服装，扬长避短，则能实现服装美和人体美的和谐统一。

一般来说，身材较高的人，上衣适当加长，配以低圆领或宽大而蓬松的袖子，宽大的裙子、衬衣，这样能给人以"矮"的感觉，最好选择深色、单色或柔和的颜色。身材较矮的人，不适合穿大花图案或宽格条纹的服装，最好选择浅色的套装，上衣要稍短一点，拉长腿在全身所占的比例，服装款式上以简单直线为宜，上下颜色应保持一致。身材较胖的人应选择小花纹、直条纹的服装，最好是冷色调，以达到显"瘦"的效果，在款式上，服饰要力求简洁，中腰略收，衣领以 V 字领为最佳。身材较瘦的人应选择色彩鲜明、大花图案以及方格、横格的衣料，给人以宽阔、健壮的视觉效果，在款式上，应当选择尺寸宽大、上下分割花纹、有变化的、较复杂的、质地不太软的衣服，切忌穿紧身衣裤，也不要穿深色的衣服。另外，肤色较深的人穿浅色服装，会获得健美的色彩效果，肤色较白的人穿深色服装，更能显出皮肤的细洁柔嫩。

【知识窗】

女性的标准体形具体表现为：站立时头颈、躯干和脚的纵轴在同一垂直线上。以肚脐为界，上下身的比例符合"黄金分割"的 1.618:1，也可用近似 8:5 来表示。若身高 160 厘米，则其较为理想的体重是 50～55 千克，肩宽是 36～38 厘米，胸围是 84～86 厘米，腰围是 60～62 厘米，臀围是 86～88 厘米；男性的标准体形应基本遵循两臂侧平举等于身高的原则，若身高 167～170 厘米，则其较为理想的体重是 68～70 千克，胸围是 95～98 厘米，腰围是 75～78 厘米，颈围是 30～40 厘米，上臂围是 32～33 厘米，大腿围是 55～56 厘米，小腿围是 37～38 厘米。

3. 和职业相协调

穿着除了要和身材、体形协调，还要与职业相协调。这一点非常重要，不同的职业有不同的着装要求。比如：教师和机关工作人员衣着要端庄、大方，不要打扮得过于妖冶，服装款式也不要过于时髦，这样可以给人留下一个良好的印象。医生衣着要力显稳重、富有经验，一般不宜穿着过于时髦，如果衣着给人轻浮的感觉，那么不利于对病人进行治疗。青少年学生穿着则要朴实、整洁、大方，不要过于成人化。演员和艺术家则可以根据他们的职业特点，穿着得时尚一些。

4. 和环境相协调

穿着还要与所处的环境相协调。办公室是一个很严肃的地方，因此在衣着上就要整齐、庄重一些。外出旅游，服饰就要以宽松、舒适、方便运动为宜。平时居家，则可以穿着舒适、随便一点，但如有客人来访，则应穿着整齐，如果只穿居家服接待客人，就显得有些失礼了。除此之外，在一些比较特殊的场合，还有一些专门的着装要求。比如，在喜庆场合不宜穿得太素雅、古板，在庄重的场合不能穿得太随便、宽松，在悲伤场合不能穿得太艳丽，等等。

（三）注意色彩

色彩（图 2-14）是服装留给人们记忆最深的印象之一，而且在很大程度上也是服装穿着成败的关键所在。色彩对他人的刺激最快速、最强烈、最深刻，所以被称为"服装之第一可视物"。

1. 了解色彩的象征性

一般来讲，不同色彩的服饰在不同的场合所产生的效果是不同的，为此，我们需要对色彩的象征性有一定的了解。

（1）黑色。象征神秘、静寂、压力、严肃、气势。

（2）白色。象征神圣、纯洁、明亮、高雅、恬淡。

（3）黄色。象征智慧、庄严、忠诚、明丽、权威。

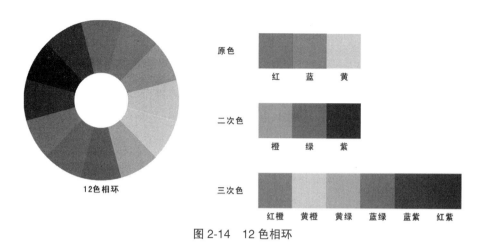

扫码查看
彩色图片

图 2-14　12 色相环

（4）红色。象征活跃、热情、喜庆、福禄、爱情。

（5）粉红。象征柔和、温馨、温情、温柔、浪漫。

（6）橙色。象征富饶、充实、未来、友爱、积极。

（7）紫色。象征高贵、优雅、平静、沉稳、亲切。

（8）绿色。象征生命、新生、青春、自然、朝气。

（9）浅蓝。象征纯洁、文静、清爽、梦幻、沉稳。

（10）深蓝。象征自信、沉默、冷静、深邃、权威。

（11）灰色。中间色，象征中立、和气、文雅。

2. 掌握色彩的特性、搭配和选择

人们在着装时，在服装颜色的选择上既要考虑爱好、个性，又要考虑到季节，同时还要兼顾他人的感受和所处的场合。明代的卫泳在《缘饰》中说，春服宜清，夏服宜爽，秋服宜雅，冬服宜艳；见客宜重装；远行宜淡服；花下宜素服；对雪宜丽服。古人对服饰的研究确实值得我们学习和借鉴。

要想在服装的色彩上体现效果，最重要的是要掌握色彩的特性、色彩的搭配和色彩的选择这三个方面。

（1）色彩的特性。色彩具有冷暖、轻重、缩扩等特性。

色彩的冷暖。我们把使人产生温暖、兴奋、热烈之感的色彩称为暖色，如红色、黄色等；把使人有寒冷、平静、抑制之感的色彩称为冷色，如蓝色、黑色等。

色彩的轻重。色彩明暗变化程度被称为明度，不同明度的色彩往往会给人以轻重不同的感觉。色彩越浅，明度越强，给人以上升之感、轻感；色彩越深，明度越弱，给人以下垂之感、重感。所以人们平日的着装通常讲究上浅下深。

色彩的缩扩。由于色彩的波长不同，色彩会给人以收缩或扩张的不同感觉。一般来说，冷色、深色属于收缩色，暖色、浅色属于扩张色。运用到服装上，收缩色使人显得苗条，扩张色使人显得丰满，运用得当会使着装者在形体方面避短扬长，运用不当则会使其在形体上出丑露怯。

（2）色彩的搭配。色彩的搭配主要有对比法、统一法和呼应法。

对比法。它指的是在配色时运用冷暖、深浅、明暗两种特性完全相反的色彩进行组合的方法。

统一法。配色时尽量使用同一色系中各种明度不同的色彩，按照深浅不同进行搭配，营造出和谐的美感。如西服按照统一法可以选择这样的搭配：如果采用灰色系，搭配的衣服及饰物可以由外向内逐渐变浅，可以组合成"深灰色西服＋浅灰底花纹的领带＋白色衬衫"。这种着装配饰方法非常适用于工作场合或庄重的社交场合。

呼应法。在配色时，在某些相关部位刻意采用同一色彩，使其遥相呼应，产生美感。比如，在正式场合男士穿西服讲究"三一定律"。所谓"三一定律"就是男士在正式场合时使用的公文包、腰带、皮鞋的色彩应相同，这就是呼应法的运用。

（3）色彩的选择。非正式场合穿着的便装，在色彩上往往要求不高，可以听任自便，而正式场合穿的服装，其色彩却要多加注意。总体要求如下：正装色彩要以少为宜，最好控制在三种色彩之内。这有助于突出正装保守的风格，使着装显得简洁、和谐。正装如果超过三种颜色就给人以繁杂、低俗的感觉。正装的色彩一般应为单色、深色并且无图案。最标准的正装色彩是蓝色、灰色、黑色和棕色。衬衣的最佳色彩是白色，公文包、皮鞋、袜子的色彩也以深色（黑色最常见）为宜。

【知识窗】

色彩搭配原则

色彩搭配合适，会产生"统一和谐"的美感。在各种色彩中，黑、白、灰三种颜色适合与任何颜色搭配。

红色：较适合搭配的颜色有白、黑、深蓝和橄榄绿等颜色。其中红白、红黑搭配都能很好地衬托红色热情、向上的气质。

黄色：适合与白色、黑色搭配，黄色与紫色搭配对比强烈，显得华贵。

绿色：最适宜搭配的颜色有黑色和白色，绿色和藏蓝色搭配也会有意想不到的效果。

蓝色：适合与白色搭配，显得生机勃勃。蓝色与粉红色、浅咖啡色、浅黄色、浅灰色搭配的效果也比较好。

紫色：适合与白色、黄色、黑色搭配。

二、配饰礼仪

饰品是指人体佩戴的装饰品。饰品的种类很多，为人们所熟识的常用饰品主要有戒指、项链、手镯、耳环、丝巾、手表等。饰品在整体着装中有着不可替代的语言作用，尤其是在公关场合或交际场合，佩戴得恰到好处的饰品可以起到画龙点睛的作用。那么，如何才能做到合理、正确佩戴呢？下面有几条常见的规范需要遵守。

（一）符合身份

首饰的作用就是装饰。在正式交往中选戴首饰时，一定要与自己的身份相称。一般情况下，要讲究"三不戴"。

1. 不戴有碍于工作的首饰

如果佩戴某些首饰会直接影响自己的正常工作，就坚决不要佩戴。

2. 不戴炫耀自己财力的首饰

在工作场合佩戴过于名贵的珠宝首饰，难免给人以招摇过市、不务正业的感觉。

3. 不戴突出个人性别的首饰

胸针、耳环、脚链等首饰，往往会突出佩戴者的性别特征，从而引起异性的过分关注，因此在工作场合最好不要戴这类首饰。

（二）男女有别

从商务角度讲，首饰是女性的"专利品"，男性除了结婚戒指等极少数品种的首饰，通常不宜在正式场合佩戴其他首饰。

（三）遵守成规

1. 以少为佳

饰品对服装来说是处于从属地位的，只是起到点缀作用，所以不是多多益善。上班时可以不佩戴饰品，如果佩戴饰品，总量不宜多于三种，每种不宜超过两件。

2. 力求同色

同时佩戴两件或两件以上的饰品，应使其色彩一致。千万不要同时佩戴多种色彩的饰品，这样会过于杂乱，不太美观。

3. 争取同质

如果同时佩戴两件或两件以上的饰品，应尽量选择质地基本相同的饰品。佩戴镶嵌饰品时，要使被镶嵌物质地一致，托架也应力求一致。

4. 符合身份

佩戴饰品时，不仅要考虑个人爱好，更应该使之服从于本人身份，要与自己的性别、职业、工作环境、年龄保持大体一致，不能相去甚远。

5. 适合形体

选择首饰时，要充分考虑自身的形体特色，要通过饰品的佩戴，让自己扬长避短。其中，避短是重点，扬长则要适可而定。比如，脖子短粗者，不宜佩戴多串式项链，而应该戴长项链。脖子细长者，则可以佩戴多串式项链，以缩短脖子的长度。圆脸、宽脸形和戴眼镜的女士，不宜戴圆形耳环或大耳环。

6. 搭配协调

佩戴饰品只是服装整体搭配上的一个环节。饰品的佩戴，要兼顾穿着服装的质地、款式和色彩，要使饰品与服装在风格上保持一致。

7. 遵守习俗

不同民族、不同地区，佩戴饰品的习惯有很多不同之处。对此既要了解，又要尊重。佩戴饰品不讲习俗，是万万不可的。

在比较正规的场合使用饰品，一定要遵守礼仪。这样做的好处如下：既能让饰品发挥其应有的装饰、美化功能，又能合乎常规，在选择、搭配和使用时不至于出错，被人耻笑。

（四）几种饰品的佩戴艺术

1. 戒指（图 2-15）

戒指是一种男女皆宜的饰品，同时还是具有特定含义的传递物，自古以来，戒指就被认为是爱情的信物。戒指的材料可以是金属、塑料、木头、骨头或宝石。

戒指不宜随便乱戴，按照习俗，戒指戴在不同手指上的含义不同，所以佩戴时要细心考虑，以免闹出笑话。

图 2-15　配戴戒指

【知识窗】

戒指戴在不同手指上的不同含义

大拇指上一般不戴戒指。

戴在食指上，表示想结婚，表示未婚。

戴在中指上，表示已有意中人，正在恋爱。

戴在无名指上，表示已结婚或订婚。

戴在小指上，表示已离婚或独身主义。

2. 项链（图 2-16）

项链是女性常用的饰品之一，有黄金、白银等多种材质。不同质地的项链效果也不同，金银项链显得富贵，珍珠项链代表清雅，钻石项链给人以华贵的感觉，骨质项链则表示典雅，木质项链代表朴素。

选择项链时要考虑一些个体因素。个子偏矮且圆脸形的人宜选择长项链，这样可以拉长人的高度；个子瘦高的人，可以选择短粗项链以缩短颈长。

佩戴项链也应和服装相呼应。身着柔软、飘逸的丝绸服装时，宜佩戴精致、细巧的项链，显得妩媚动人。身穿素色或单色服装时，宜佩戴色泽鲜明的项链，这样，在首饰的点缀下，服装色彩可显得活跃、丰富。

项链与衣领搭配也有一定的技巧。V 字领适合佩戴比较时尚、现代的项链，吊坠垂于颈脖和领口中间的位置比较合适。穿高领时，可以在领子的外面加上圆形的项链，让线条搭配协调统一。穿小翻领衣服时，项链长度以垂至衣领开口的中间部位为宜。一字领配以简洁的项链效果更好。穿着领口结构复杂的衣服时，要选择有点分量的项链，使之与露出的肌肤达到一定的平衡。小圆领衣服可以搭配稍微长一些的项链，让项链吊坠垂在衣领的下面，以突出重点。

图 2-16　配戴项链和耳饰

3. 耳饰

耳饰是戴在耳朵上的饰品，可以由金属、塑胶、玻璃、宝石等材料制成，形状有圈状、颗粒状等。

在所有首饰中，耳饰处在人体上最重要、最明显的脸部，因此，佩戴耳饰要注意耳饰与脸形、体形、肤色、服装的协调，以达到最好的效果。

（1）耳饰的佩戴应考虑佩戴者的脸型。方形脸的人适宜戴圆形、长圆形、卷曲线条的耳环（耳坠），这样可以缓冲脸型的棱角。圆形脸的人适合戴边角形、尖形、叶片形的耳坠，能造成一种修长感，使人显得秀气。心形脸的人宜选佩大圆形、三角形的耳环。瘦长形脸的人戴上纽扣形耳环可使脸部显得较宽。三角形脸的人最好戴上窄下宽的耳环，如梨形、心形等。椭圆形脸或鹅蛋形脸的人戴耳环的视觉效果是最好的，可随心所欲地戴任何形状的耳饰。

（2）耳饰颜色与肤色的协调也是不可忽视的。一般，皮肤白皙的女性适合戴红色、深紫色、咖啡色或翡翠绿色的耳饰。肤色偏暗的女性适合佩戴颜色浅淡、明快一些的耳饰，如乳白色、奶油色、淡绿色的或浅紫色的耳饰。肤色较黄的女性以佩戴各种银耳饰、白金耳饰较好。金色耳饰对各种肤色都很适合，珍珠的色泽也适合配衬各种肤色。

（3）耳饰和服装一样，要和场合、年龄等相符。上班时可佩戴简洁的耳饰搭配套装。夸张的几何图形、巨型圆环、粗犷的木质耳环很有野性味道，与休闲类的牛仔衣、夹克相匹配，可使人富有豪放的现代感。佩戴耳环还要与年龄相协调，少女宜戴动感较强的耳钉、耳环，以塑造充满朝气

图 2-17　配戴丝巾

和青春活力的形象。而中年女性则要佩戴有质感的金银珠宝类耳饰，品质上乘的观感远比独特造型的出位更加重要。

4. 丝巾、围巾（图 2-17）

丝巾是女士的至爱。不管什么场合，利用飘逸柔媚的丝巾稍作点缀，能让穿着更有味道。

丝巾要搭配出高雅效果，应注意与服装颜色的搭配。比如，白外套配深蓝丝绒巾，灰色外套配大红丝巾，杏黄外衣配玫紫丝巾。当外套与丝巾颜色接近时，可用闪亮的别针来协调。

丝巾的系法也是多种多样。比如，①成熟优雅的条状结：将长条丝巾对折成适当宽度，在颈部一松一紧各绕一圈，尾部交叉打结，调试松紧度达到自然效果。②恬静秀美的蝴蝶结：将流行的小方巾对角折成三角形，露出搭在肩部的两边角，然后在胸前打一个蝴蝶结，展开花形，把结稍稍隐藏。③热情洋溢的包头结：将丝巾对折成大三角，裹住头部及前额的一部分，两角在颈后交叉打结，再次交叉后系好，整理造型，让秀发同丝带一起自然下垂。④妩媚撩人的胸襟结：将一条富有华丽气息的大方巾对角折叠，平贴胸部绕于背后，在尾部松松地打个结，细心整理好需要的造型。需要注意的是，搭垂胸前的丝巾应松紧适宜，以能插入一只手掌为最佳状态，颜色不可过分鲜艳，面料、质地须柔软、蓬松。

由于制作的材质、编织方法以及织线的种类千差万别，花纹也各不相同，最后呈现在我们面前的丝巾，在感觉上也存在着很大的差异。不同的手感、质感、重量以及视觉张力，会让丝巾佩戴于身时产生不同的效果。在万物复苏、充满勃勃生机的春季，丝绸丝巾质地是诠释自然浪漫气质的最佳道具。盛夏，麻质丝巾就成为最惬意的选择，这种材质的丝巾戴起来感觉清爽，与任何夏装搭配起来都很轻松自如。在凉风渐起的秋季，棉制的丝巾是最为贴心舒适的选择，它既能抵御瑟瑟秋风，其轻盈的面料又不会将个人的魅力掩盖在厚重的材质下。寒冷的冬天一条羊毛围巾可以帮助女性做到美丽不冻人。

【课堂活动】　请尝试用一条方丝巾设计出几种系法。

1. 巴黎结（图 2-18）

图 2-18　巴黎结

2. 领带结（图 2-19）

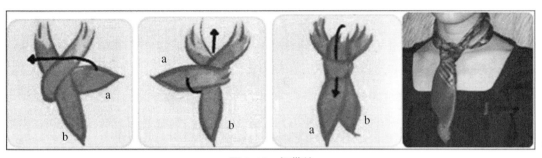

图 2-19　领带结

3. 海芋结（图 2-20）

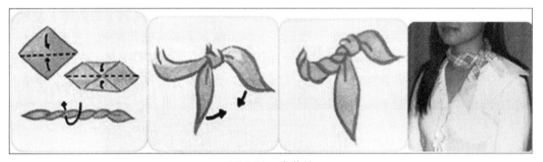

图 2-20　海芋结

4. 凤蝶结（图 2-21）

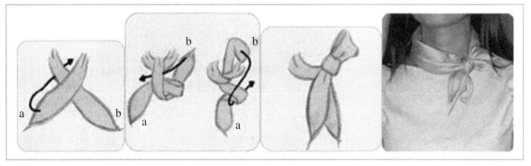

图 2-21　凤蝶结

5. 西班牙结（图 2-22）

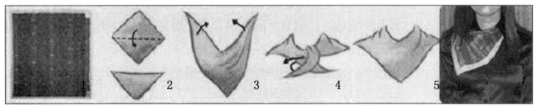

图 2-22　西班牙结

6. 竹叶结（图 2-23）

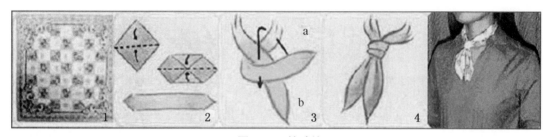

图 2-23 竹叶结

5. **手表**（图 2-24）

与首饰作用相同的是，在社交场合人们所戴的手表往往能体现其地位、身份和财富状况。有人甚至强调："手表不仅是男士的首饰，而且是男士最重要的首饰。"因此，人们所戴的手表，尤其是男士所戴的手表，往往引人瞩目。在正规的社交场合，手表往往被视同首饰，对于平时只有戒指一种首饰可戴的男士来说，手表更是备受重视。在一些国家，手表与钢笔、打火机曾一度被称为成年男士的"三件宝"。

图 2-24 配戴手表

选择手表，应注重以下几方面。

（1）手表的种类。根据标准的不同，手表可以分为许多不同的种类。在社交场合，人们一般都是依据价格来区分其种类的。按照这个标准，手表可分为豪华表、高档表、中档表、低档表等四类。选择手表的具体种类时，要量力而行，不要做力不从心的事。另外，还要同时顾及个人的职业、露面的场合、交往的对象和同时所选用的服饰等一系列相关因素。

（2）手表的功能。显示时间是手表最主要的功能。因此，正式场合所用的手表，不管是指针式、跳字式还是报时式，都应具有这一功能，并且应当精确到时、分，能精确到秒则更好。只精确到时的手表，显然不符合要求。总之，手表的功能要少而精，并要有实用价值。

（3）手表的形状。手表的造型往往与其身价、档次有关。在正式场合所戴的手表，在造型方面应当庄重、保守，避免怪异、新潮。男士，尤其是位尊者、年长者更要注意。造型新奇、花哨的手表，仅适用于少女及儿童。一般而言，正圆形、椭圆形、正方形、长方形以及菱形手表，因其造型庄重、保守，适用范围极广，特别适合在正式场合佩戴。

（4）手表的图案。除数字、商标、厂名、品牌外，手表上没有必要出现其他没有任何作用的图案。选择使用于正式场合的手表，尤其需要牢记这一点。倘若手表上图案稀奇古怪、多种多样，不仅不利于使用，反而有可能招人非议。

（5）手表的色彩。选择在正式场合所戴的手表，其色彩应力戒繁杂凌乱，一般宜选择单色手表、双色手表，不宜选择三种颜色及其以上的手表。不论是单色手表还是双色手表，其色彩都要清晰、高贵、典雅。金色表、银色表、黑色表，即表盘、表壳、表带均有金色、银色、黑色的手表是最理想的选择。金色表壳、表带、白色表盘的手表，也能经得住时间的考验，在任何时候佩戴都不会落伍。

三、男士的服饰搭配

（一）男士正装（图 2-25）

在西方国家，正装包括西装、燕尾礼服。在中国，正装以西装为主，有时也可以穿着中山装、民族服饰。

在现代社会中，对男士而言，一套正式的西装是必不可少的。得体的西装，不仅能最大限度地张扬男性的魅力，同时也可体现自尊、自爱与对他人的尊重的品格。一套完整的西装包括上衣、西裤、长袖衬衫和领带、腰带、皮包、皮鞋、袜子、手表等配饰。

1. 西装穿着礼仪

（1）选择合适的款式。西装的款式可以分为美式、意式、英式和日式四大流派。

① 美式西装。基本轮廓特点是"O"型，就是比较宽松，不太强调腰身，垫肩不是很明显，通常是后开单衩或双衩的。适合稍微宽松的场合和身材高大魁伟的男士，尤其适合稍微肥胖的男士。

② 意式西装。也叫欧式西装，基本轮廓是倒梯形，实际上就是宽肩收腰。相比于美式西装，意式西装有严格的讲究，有特别夸张的垫肩，最明显的特征是：一般是双排扣、戗驳领，裤子是卷边的。意式西装和欧洲男士比较高大魁梧的身材相吻合，对人的身材比较挑剔，因为欧洲人的上身偏长，所以身材过于矮小和身材比较肥胖的人不太适合这种款式的西装。

③ 英式西装。英式西装的特点是：肩部与胸部线条平坦、流畅、轮廓清晰明快，最能体现出绅士派头；面料一般采用纯毛织物，色彩以深

图 2-25　男士西装

色和黑色为主，配以白衬衣和黑领结，整体效果威严、庄重、高贵。许多上层人物在正规场合都喜欢选择英式西装，故英式西装素有正式西装之称。

④ 日式西装。基本轮廓是"H"型，一般而言，日式版型的西装多是单排扣式，衣后不开衩。适合亚洲男人的身材——肩不是特别宽，身材不高不壮。

要充分考虑个人的身高、体型，选择适合的西装。

（2）选择合适的颜色与面料。男士西装的颜色选择必须要求庄重、正统，面料的选择上要求高档、天然。

① 颜色的选择。在正式场合，西装的颜色以深色、单色或暗条纹为佳，多为藏青色和灰色，可以给人以稳重、可靠、忠诚、朴实、干练的印象。黑色的西装适合于在晚间参加的庄严的礼仪活动场合，单色或有明显花纹的西装适合于日常交际场合。

② 面料的选择。尽量选择天然织物做的西装，人造织物的光泽和质地通常不像天然织物做的西装那样有下垂感，而且，人造织物的面料常常留有气味，不易消除。

（3）注意扣子的系法。常见的西装，是双排扣或者单排扣，以两粒到三粒扣子为主。穿单排扣西装，平时在办公室上班，扣子可以不扣。在正式场合坐下时，可以不扣纽扣。站立或行走时，应按规范要求系扣子：两粒扣的西装，只扣上面一粒，下面一粒不要扣；三粒扣的西装要么就扣中间的一粒，要么扣上面的两粒扣子。穿各种款式的西装，最基本的原则就是下面的一粒扣子是永远不扣的。穿双排扣的西装，坐下时，解开扣子；站起时，要扣好扣子。

【礼仪小贴士】

男士穿西装三要素

三样配套：西服、衬衫、领带和谐相配；

三色原则：全身的颜色在三种以内；

三一定律：鞋子、腰带、公文包应为同一颜色；

三大禁忌：袖口商标不拆、乱打领带、乱穿鞋袜。

2. 衬衫的选择

长袖衬衫是搭配西装的唯一选择，颜色应与西装颜色相协调，但不能是同一个颜色的。白色的衬衫是最安全的，也是国际上所公认的、最为正统和最为正式的。面料以棉、毛为主要成分的混纺衬衫即可。在正式场合，男士的衬衫以无图案为佳，尽量不要穿带有明花、明格的衬衣。

穿西装时，衬衫袖口要扣好，袖子应比西装的袖子长出 1～2 厘米，并能盖住手背。领角有扣的衬衫即使不打领带也要扣上。不打领带时，衬衣第一个扣子要解开。

3. 领带的选择

领带是西装的灵魂，在西装的穿着中起着画龙点睛的作用。在正式场合，男士穿西装时应该打领带。

（1）领带的颜色。领带的颜色一定要比衬衫的颜色深。在正式场合，宜系带有条纹、圆点等几何图案或纯色的领带。在社交场合，如参加庆典活动、聚会等，可系时尚一点的领带，如带有花卉、水墨画等图案的领带。在喜庆场合，领带的颜色可以亮丽一点；在悲壮场合，领带的颜色要素雅一点。黑色和白色领带，适合在参加隆重的庆典、晚宴时佩戴，一般不在办公室佩戴。

（2）打领带结的方法。领带（图 2-26）扎得好不好看，关键在于领带结打得如何。打领带结有三点技巧：第一，要把它打得端正、挺括，外观上呈倒三角形。第二，可以在收紧领结时，有意在其下压出一个窝或一条沟来，使其看起来美观、自然。第三，领带结的具体大小不可以完全各行其是，而应该令其大体上与同时所穿的衬衫领子的大小成正比例。需要说明的是，穿立领衬衫时不适合打领带，穿翼领衬衫时适合扎蝴蝶结。

图 2-26　常规的领带

（3）领带的长度。成人日常所用的领带，通常长 130 ～ 150 厘米。领带打好之后，外侧要略长于内侧。其标准的长度应当是下端正好触及腰带扣的上端。这样，当外穿的西装上衣系上扣子后，领带的下端便不会从衣襟下面"探头探脑"地显露出来，当然，领带也别打得太短，不要让它动不动就从衣襟上面"跳"出来。出于这一考虑，不提倡在正式场合选用难以调节其长度的"一拉得"领带或"一套得"领带。

（4）领带的位置。领带打好之后，应被置于合乎常规的既定位置。穿上西装上衣并系好衣扣后，领带应处于西装上衣与内穿的衬衫之间；穿西装背心、羊毛衫、羊毛背心时，领带应处于它们与衬衫之间，不要让领带逸出西装上衣之外，或是处于西装上衣与西装背心、羊毛衫、羊毛背心之间，更别让它夹在两件羊毛衫之间。

（5）领带夹的使用。在一般情况下，打领带时，没有必要使用任何佩饰。在清风徐来或快步疾走时，领带轻轻飘动，可为男士增添一些潇洒、帅气。如果为了减少在行动时领带任意飘动带来的不便，或为了不使其妨碍工作、行动，可酌情使用领带夹。领带夹的基本作用就是固定领带，其次是装饰。选择领带夹，最好使用金属质地的制品，并以素色为佳，图案与形状要雅致、简洁。

使用领带夹的正确位置在衬衫从上朝下数的第四粒、第五粒纽扣之间。最好不要让它在系上西装上衣扣子之后外露。

【知识窗】

领带色彩语言：

红色系领带：代表喜庆、热情、愉悦、力量；

蓝色系领带：代表理性、严谨、持续、安全；

灰色系领带：代表宁静、高雅、谦逊、赞美；

棕色系领带：代表活力、浪漫、健康、放松；

紫色系领带：代表神秘、高贵、性感、孤傲；

白色系领带：代表纯粹、神圣、坦诚、洁净；

黑色系领带：代表敏锐、压抑、冷酷、热情。

【课堂活动】

请男生拿一条领带，尝试以下几种领带常用的打法。

1. 平结（图 2-27）

平结是男士们选用最多的领带打法之一，几乎适用于各种材质的领带。完成后，领带呈斜三角形，适合窄领衬衫。

要诀：图中宽边在左手边，也可换右手边打。在选择"男人的酒窝"（形成凹凸）情况下，尽量让两边均匀且对称。

图 2-27　平结

2. 双环结（图 2-28）

一条质地细致的领带再搭配上双环结颇能营造时尚感。适合年轻的上班族选用。

要诀：该领带打法完成的特色就是第一圈会稍露出于第二圈之外，千万别刻意盖住了。

图 2-28　双环结

3. 交叉结（图 2-29）

这是单色素雅且质料较薄的领带适合选用的打法。对于喜欢展现流行感的男士，不妨使用"交叉结"的打法。交叉结的特点在于打出的结有一道分割线，感觉非常时髦。

要诀：按步骤打完领带后，领带是背面朝前。

图 2-29 交叉结

4. 双交叉结（图 2-30）

双交叉结很容易体现男士高雅的气质，适合正式活动场合选用。该领带打法多运用于素色的丝质领带，若搭配大翻领的衬衫，则不但适合而且有种尊贵感。

要诀：宽边从第一圈与第二圈之间穿出，完成后充实饱满。

图 2-30 双交叉结

5. 温莎结（图 2-31）

温莎结是因英国温莎公爵而得名的领带结，是最正统的领带打法。打出的结呈正三角形，饱满有力，适合搭配宽领衬衫。该结应多往横向发展。应避免材质过厚的领带，结也不要打得过大。

要诀：宽边先预留较长的空间，绕带时的松紧会影响领带结的大小。

图 2-31 温莎结

6. 亚伯特王子结（图 2-32）

亚伯特王子结适用于质料柔软的、浪漫的细款领带，搭配浪漫扣领及尖领系列衬衫。"国人的酒窝"两边略微翘起。

要诀：宽边先预留较长的空间，并在绕第二圈时尽量贴合在一起，即可完成完美结型。

图 2-32　亚伯特王子结

7. 简式结（马车夫结）（图 2-33）

简式结（马车夫结）适用于质地较厚的领带，最适合打在标准式及扣式领口衬衫上。简单易打，非常适合在商务旅行时使用。其特点在于先将宽端以 180° 的幅度由上往下扭转，并将折法处隐藏于后方完成打结。待完成后可再调整其领带长度，这种打法在外出整装时方便快捷。

要诀：常见的马车夫结在所有领带的打法中最为简单，尤其适合厚面料的领带，不会造成领带结过于臃肿累赘。

图 2-33　简式结（马车夫结）

8. 浪漫结（图 2-34）

浪漫结是一种完美的结型，故适合用于各种浪漫系列的领口及衬衫。浪漫结能够靠褶皱的调整自由放大或缩小，而剩余部分的长度也能根据实际需要任意掌控。浪漫结的领带结形状匀称、领带线条顺直优美，容易给人留下整洁严谨的良好印象。

要诀：领带结下方的宽边压以皱褶可缩小其结型，窄边也可将它往左右移动使其少部分出现于宽边领带旁。

图 2-34　浪漫结

9. 半温莎结（十字结）（图 2-35）

半温莎结最适合搭配在浪漫的尖领及标准式领口系列衬衣。半温莎结是一个形状对称的领带结，它比温莎结小。看似步骤很多，其实做起来并不难，系好后的领带结通常位置很正。

要诀：使用细款领带比较容易上手，适合不经常打领带的人。

图 2-35　半温莎结

10. 四手结（图 2-36）

四手结是所有领带结中最容易上手的一种，适用于各种款式的浪漫系列衬衫及领带。通过四个步骤就能完成打结，故名为"四手结"。它是最便捷的领带系法，适合宽度较窄的领带，搭配窄领衬衫，风格休闲，适用于普通场合。

要诀：类同平结。

图 2-36　四手结

4. 皮带、皮鞋、袜子、皮包和手表的选择（图 2-37）

（1）皮带。皮带被称为男人腰间的一张"脸"。穿西装时，皮带以牛皮材质为宜，首选黑色。皮带扣应大小适中，以方形扣环为好，图案不宜太夸张。皮带上不要挂任何东西，包括打火机、钥匙、手机等。这样会非常影响皮带的装饰性，看上去既不简洁也不干练。皮带在系好后尾端应该介于第一和第二个裤绊之间，既不要太短也不要太长。一般皮带的宽度为 3 厘米。

（2）皮鞋。鞋最能够反映出一个男人的修养和品位。穿西装一定要穿皮鞋，即便夏天也如此。男士的皮鞋应以深色为主，如黑色、棕色，不要穿太陈旧、跟太高的皮鞋，一定要干净。出席正式场合应穿黑色、系带的正装皮鞋。

（3）袜子。搭配西装的袜子以深色、单色棉袜为宜。袜筒要稍长，以

图 2-37　佩戴皮包、皮带

坐下时不露出袜口为宜。切忌黑皮鞋配白色、浅色、娇艳多彩或尼龙材质的袜子。白色、浅色袜子适合配休闲装、运动装和单色皮鞋。

（4）皮包。男士的公文包应与皮鞋、腰带的色彩相同或相近，并且以深色为宜，首选黑色。还要注意不要将公文包塞得鼓鼓囊囊。

（5）手表。手表被认为是男士非常重要的配饰。穿西装时，只能佩戴金属或皮革表带的手表。电子表、塑料壳手表及牛仔布表带手表都是不合适的。

（二）男士便装

便装是相对于正式场合所穿的西装、制服、礼服一类的正装来说的。穿便装没有什么严格的限制或规定，只要使人感到轻松、随意就可以了。便装主要有夹克衫、太空衫、牛仔装、T恤衫、运动装、西短裤等。在家里穿的家居装、卧室装，也是便装。选择便装时，必须认真考虑适用场合、选择禁忌以及正确搭配等三个方面的问题。

1. 适用场合

一般在非正式的场合（如休闲场合）或某些特定的情况下才可以穿便装。

居家休养、外出度假、运动健身、旅游观光、逛街散步、购物等，都是休闲活动。只有在工作之余的个人自由活动的时间里穿便装，才是合适的。在一些特定的情况下，工作人员有时也被允许穿着便装。比如，在便装销售时，销售员可以身着便装，充当模特，以身示范。某些单位统一将某种便装规定为本单位的正装，如夹克衫、背带裤都是常见的便装，如果一个单位将他们定为全体员工的制服，那就被称为夹克衫式制服和背带裤式制服了。当本单位没有统一的正装，而又规定上班必须身着正装上班的时候，最好不要自作主张穿便装。

2. 选择忌讳

选择便装时必须认真考虑是否合适。便装的戒条较少，但也绝对不能过于随便，一般需要注意一下自己的性别、年龄和身材特点。总体来说，便装的性别特征不太明显，像衬衫、T恤衫、夹克衫、羊毛衫、运动衫、牛仔裤、西短裤等便装，偏于"中性化"，男女都可以穿。也有许多便装都是老少皆宜的，像夹克衫、T恤衫、牛仔裤等，一般对着装者的年龄限制不多，各种年龄者都可以穿着。另外，每个人的身材都不同，选择时要力求和自己的身材相协调，扬长避短。

3. 搭配技巧

和正装的穿着相比，便装在有关搭配方面的讲究要少得多，而且本着舒适、随意、自由的基本要求，可以任人发挥。但要注意的是，所选的便装在风格上应协调一致。牛仔装的奔放，运动装的矫捷，"乞丐装"的出位等，都有自成一体的主要特征。穿着便装应力求风格完美一致，不要让自己同时所穿的多件便装风格上相差太大，如上穿运动衫，下配睡裤，必然会引来众多奇怪的眼光。便装的面料选择余地也比较大，除了棉、麻、丝、混纺等常规选择，还可以选用毛、皮、各类化纤织物等。如果需要提高档次，一定要对面料进行适当的考虑，不仅要对舒适与否、外观美感给予重视，还要和所穿的其他便装在面料上大致相同。对便装进行组合搭配时要注意搭配的惯例，比如穿牛仔裤时最好配皮鞋或运动鞋，而不要穿布鞋或凉鞋；穿短裤、凉鞋时，不必穿袜子；穿夹克衫时，通常不要配短裤。

四、女士的服饰搭配

（一）女士正装（图 2-38）

衣服是女士的第一张名片。在正式场合，对女士的着装要求比男士相对宽松一些。职业女性的着装风格应体现庄重大方的美。

在国际交往中，裙装是正装。

1. 套裙

一套正规的西装套裙是由女式西装上衣与同色同料的西装裙组合而成的。其形式基本上可分两种：一种是两件套，即仅是上装与一条半截裙所构成；另一种是三件套，即在两件套的基础上，加上一件背心。在日常交际中，两件套西装套裙是最为常见的形式。

（1）面料的选择。正统西装套裙所选用的面料应质地上乘，上衣与裙子应使用同一种面料。除女士呢、薄花呢、人字呢、法兰绒等纯毛料外，也可选用丝绸、亚麻、府绸、麻纱、毛涤等面料，但要注意面料的匀称、平整、滑润、光洁、丰厚、柔软、挺括，其弹性一定要好，且不易起皱。

（2）色彩的选择。西装套裙的色彩选择应注意两个方面：一是力求色调淡雅、清晰、庄重，不宜选择过于鲜亮、刺眼的色彩；二是标准的西装套裙的色彩，应注意与穿着者所处场所的环境要协调，应能体现出穿着者的端庄与稳重。一般而言，西装套裙的色彩应以冷色、素色为主，如藏青、炭黑、烟灰、雪青、黄褐、茶褐、蓝灰、紫红等颜色，都是西装套裙色彩的较好选择。此外，各种带有明暗分明、或宽或窄的格子与条纹图案以及带有规则圆点图案的面料也大都适宜选用，其中格子图案的面料效果最好。

图 2-38 女士正装

（3）造型的选择。西装套裙的造型与其他一般套裙不同，主要在于它的上衣为女式西装。传统的西装套裙的造型，强调上衣不宜过长，裙子不宜过短，对裙子的长度要求尤其严格，通常以至膝下小腿肚最为丰满处为标准。现代女性从穿着的视觉效果出发，对西装套裙的造型采用四种形式，即上长下长、上短下短、上长下短、上短下长，并根据身材和体形，对上衣选用紧身式或松身式，配以宽窄适度的裙子，展现着装者的风姿。体形苗条者或过瘦者，则应以紧身式上衣与喇叭裙搭配以显示其女性的线条美；肥胖者则可选择松身式上衣与筒裙搭配，以掩饰肥胖的身躯和过于突出的臀部,使之显得优雅。

上衣的领形,除了可采用常规的戗驳领、平驳领、一字领、V字领、U字领,还可根据自己的身材高矮、胖瘦、脸形和脖子长短等情况,选用青果领、披肩领、蟹钳领、燕翼领、圆领等。上衣的衣扣也可根据上衣的造型选择单排扣或双排扣,衣扣数量可根据领形确定,多则六粒,少则一粒。在选择与西装上衣相搭配的裙子时,也必须充分从自己的实际出发,除了选用正统的西装裙,还可选用围裹裙、一步裙、筒裙、百褶裙、人字裙、喇叭裙、旗袍裙等。西装套裙的裙子,一般不宜添加过多的花边或饰物。

2. 衬衫的选择

女式衬衫的款式很多,没有固定的标准。要注意的是,与套裙配套穿的衬衫不必过于精美,领型等细节上也不宜新奇夸张。主要要求是端庄雅致,衬衫颜色以单色为佳,白色是最基本的颜色,其他的颜色也可以参考,但不要过于艳丽,并且要考虑与外套的颜色是否搭配。衬衫的材质主要要求轻薄而柔软,故真丝、麻纱等都可以。

女士衬衫的下摆必须掖入裙腰或裤腰之内,不得悬垂于外。纽扣最上面一粒按惯例是不扣的,其他纽扣均须扣好。

3. 内衣的选择

确保内衣要合身,身体线条曲线流畅,既穿得合适,又要注意内衣颜色合适,不可透色。

4. 配件的选择

(1)袜子。女士穿裙子应当配长筒丝袜或连裤袜,颜色以肉色、近肤色为最为常用的颜色,肉色长筒丝袜配长裙、旗袍最为得体。女士袜子一定要大小相宜,太大时就会往下掉,或者显得一高一低。尤其要注意的是,女士不能在公众场合整理自己的长筒袜,而且袜口不能露在裙摆外边。不要穿带图案的袜子。应随身携带一双备用的透明丝袜,以防袜子拉丝或跳丝。

(2)鞋。传统的皮鞋是最常用的职业用鞋,穿着舒适,美观大方。建议鞋跟高度以三至四厘米为佳。正式的场合不要穿凉鞋、后跟用带系住的女鞋或露脚趾的鞋。鞋的颜色应与衣服下摆一致或再深一些。面料宜选牛皮或羊皮制品;鞋面应用油擦亮,不留灰尘和污迹。

(3)箱包。女士外出,特别是出入正式场合应随身携带一个精致、漂亮的皮包,以显示女性的魅力。选择箱包的颜色和款式时,必须注意同衣服和其他饰物相匹配。对于职业女性来说,手袋和肩包的选择比较讲究,在选择时,建议注意以下几个方面。

首先,要注意其颜色应与服装的色彩相协调。最好选用中性色,如黑色、白色、棕色等,以便与各种色彩的衣服相搭配。

其次,要注意应与自己的体形相协调。体形苗条的女性宜选用小巧玲珑的包，体形矮胖的女性应选用体积小、造型不能过于秀巧的包，体形高胖的女性，应选用体积稍大的包。

最后，应注意与自己的年龄相适应。年轻女性宜选用色彩鲜艳、造型美观的羊皮或缎面小包，中年女性宜选用黑色天鹅绒或黑色丝绒的小提包。参加鸡尾酒会携带的手包可随意些，以色彩鲜艳、轻巧为佳。在社交场合，肩包可挂在桌子底下或座椅背上，手袋可放在桌子上或腿上。

（4）丝巾。丝巾是服装的装饰部分，也是比较活泼的部分，其质料有多种，如羊毛、棉织、混纺等。选择时应考虑个人的爱好、肤色、年龄及服装的款式。在颜色选择上，要注重其对服装颜色的衬托，一般选用服装的对比色，即采用冷色与暖色、深色与浅色的搭配。同一套衣服，配以不同丝巾装饰，可以起到不同的着装效果，因此，女性要特别注意丝巾的搭配，这样可使衣服变得多样化起来。

（5）首饰。佩戴首饰要符合身份，力求同质、同色。色彩与款式要与年龄、体型、发型、脸型、肤色及服装搭配协调。在交际场合，不戴首饰并不算失礼。

职业女性上班时，应根据工作性质和场合的需要，慎重考虑是否需要佩戴首饰和如何选择首饰。佩戴首饰的基本要求是简洁、大方、高雅，并且宜少、宜精，一般不要超过三种。

（二）女士礼服

女士礼服有中式礼服（图 2-39）和西式礼服（图 2-40）两种，女士礼服要与男士着装相搭配。

图 2-39 旗袍

图 2-40 晚礼服

1. 中式女礼服

最常用的中式女礼服为旗袍。旗袍有各种不同的款式和花色，作为礼服的旗袍最好是单一的颜色，一般常在绸缎面料上刺绣或饰物。紧扣的高领、贴身、衣长过膝、两旁开衩、斜式开襟，这些都是旗袍的特点。在礼仪场合穿着的旗袍，其开衩不宜太高，以到膝关节上方1寸至2寸为最佳，旗袍的长度最好是长至脚面。着旗袍应配以高跟鞋或半高跟鞋，或配穿高级面料、制作考究的布鞋或绣花鞋。

旗袍，是东方女性最适合的服装，因为它采用紧扣的高领，上下结构严谨，显得雅致端庄。没有任何重叠的衣料和不必要的带襻与口袋装饰，显得简洁明快、干净利落。旗袍两旁开着衩口，穿着者行走方便。尤其是贴身合体、线条流畅，能体现出女性婀娜多姿的特性。

女士在一些涉外重要场合穿旗袍不但能显示女性的美，而且更具有民族风格。但是旗袍也不是随便可以穿的，要根据个人的体形来选择。若脖子粗而短，则应选择无领的旗袍。这种款式具有连衣裙开敞领形的特点，中式斜襟，保留着东方女服的风格。如果领形开得略深一些，微微袒胸，还可以对圆而胖的脸型起到引长的作用，既可以避免立领妨碍脖子的活动，又可以掩饰脸过圆的缺陷，还可以于端庄之中表现出几分浪漫的气息。不过，脖子细长的女子仍以立领为美。

【知识窗】

> #### 选旗袍的小窍门
>
> 选择旗袍前，必须准确测量出自己的"三围"；然后试穿，并且仔细观察"三围"是否贴体舒适；同时还必须检查领子、袖长、衣身等细节之处。切记，旗袍大小尺寸的选购不同于连衣裙等服装，要求十分严格，否则将会失去旗袍的独特魅力。
>
> （资料来源：广州日报）

【拓展阅读】

> 一袭素雅的旗袍，传统的中国式发髻，这是宋庆龄留给大多数外国友人的第一印象。某著名记者曾写道："她身穿色调柔和剪裁合身的旗袍，打扮得很是整洁，乌黑发亮的头发往后梳，在脑后挽成一个髻，秀美的脸庞宛如浮雕像。"另一位记者也曾写道："孙中山夫人宋庆龄是我在世界任何地方认识的最温柔、最高雅的人。她身材纤细，穿着洁净的旗袍，善良而且端庄。"
>
> 从1925年一直到新中国成立之前，宋庆龄身上的旗袍一直紧跟着时尚的步伐。从20世纪20年代平直宽大的传统旗袍到30年代的"改良旗袍"，从最初的"倒大袖"到后来最为流行的"扫地旗袍"，我们

都可以在宋庆龄拍摄于各个年代的照片中一一找到对应。但同时，宋庆龄的旗袍也保留了自己的特点，虽然在剪裁样式上总体与当时流行的款式相一致，但是她总会选择相对素雅的款式，且偏爱深暗的色调。

20世纪30年代，社会上流行的旗袍款式开衩越来越高，但宋庆龄却始终穿着低开衩的款式，最高也不过膝盖。至于后来出现的强调性感的无领、无袖旗袍，宋庆龄更没有盲目跟风，她始终保持着自己端庄、优雅的穿衣风格。如此，着装既符合了她特殊的身份，又融合了她不卑不亢、温良独立的性格和优雅贤淑的气质。

2. 西式女士礼服

（1）常礼服也称晨礼服，主要在白天穿着，通常由质料、颜色相同的上衣和裙子搭配而成，也可以是单件连衣裙。一般以长袖居多，为了避免领口开得过大或臂膀过于裸露，可佩戴手套和帽子。常礼服适用于游园会、会见、引见、拜谒、结婚典礼、正式访问、午宴及欢迎外宾所举行的仪式等场合。

（2）小礼服也称小晚礼服，为长至脚面而不拖地的露背式单色连衣裙，其衣袖可长可短，着装者可根据衣袖的长短选配长短适当的手套，通常不戴帽子或面纱。小礼服适合于参加晚上6点钟以后举行的宴会、音乐会或观看歌舞剧时穿着。

（3）大礼服也称大晚礼服，为袒胸露背的、单色拖地或不拖地的、无袖的连衣裙，并配戴相同颜色的帽子和长纱手套，以及各种饰物。近年来，其款式、用料及颜色等正向着自由化发展。大礼服是一种最正式的礼服，主要适用于在晚间举行的较为正式的各种活动，如官方举行的正式宴会、酒会、观看首场演出、大型正式的交际舞会等。

（三）女士便装

女士便装的选择范围比较宽泛。便装由衬衫、针织衫、特色的外套、长裤、筒裙、A字裙、连衣裙、便鞋、凉鞋及不同款式的手包及其他饰物等组成，如果将这些单品进行合适的搭配，可以显出女性不同的风格。

在休闲场合，衬衫配长裤能够体现女士知性的味道、优良的品质和清爽利落的形象；衬衫配直筒裙或A字裙能够体现女士特有的干练气质；针织衫配长裤能够体现女士柔美的气质和端庄素雅的风格；针织衫配直筒裙或A字裙既正式又非常女性化，能够彰显女士的优雅气息；连衣裙既可单独穿着，也可与外套搭配，让女装丰富而更有特色。只要注意穿着场合和搭配技巧，就既能满足追求时尚的要求，又能穿着得体。

（四）女士着装禁忌

对于职场女性来说，如何着装是个非常重要的问题，也是女性踏入职场首先要学习的一课，其中有着许多讲究和要求。下面是一些职场女性着装方面的禁忌与技巧。

1. 忌过分性感

穿着暴露或过度性感，不但起不到被别人认同和注意的目的，而且容易被人认为很轻浮。一般来说，职业女性的裙长至少应盖住大腿的2/3。对职场女性来说，选择简约的职业装作为日常办公装束是最合适的，因为这样会给人带来大方得体的感觉，并能提升自己在同事眼中的整体形象。

2. 忌过分时髦

现代女性对流行和时尚的追求是可以理解的，毕竟爱美是人类，特别是女性的天性，但是切记不要盲目地去追求时髦。职业女性一定要明白，在办公室里工作，完全不同于在户外游玩或在家里休闲的时候，我们要展示的是我们的工作能力，而不是穿着。

3. 忌过分随意

最典型的样子就是随随便便的T恤或罩衫，再加上泛白的破洞牛仔裤，这样的着装就显得过分随意，丝毫没有考虑办公室这一特定环境。

4. 忌过分保守

虽然职场着装一般以黑色、白色、灰色、蓝色、咖啡色为主，但是如果搭配得不好，也会给人一种沉闷、难以接近的感觉。

5. 忌过分可爱

在服装市场上有许多款式可爱俏丽的衣服，但这些衣服也不适合在工作中穿着，这样的服装会给人轻浮、不稳重的感觉。

【礼仪小贴士】　女士画龙点睛的六大饰品：

1. 皮包	2. 耳环、胸针、项链	3. 丝巾
4. 腰带	5. 鞋	6. 丝袜

【课堂活动】　1. 请一名同学选择一款自己最喜欢、最得体的服装并穿着，其他同学根据他（她）的体型和肤色提出合理的评价和建议。

2. 选择几名同学做模特，其他同学根据模特的肤色、体型、气质，讨论适合他（她）穿的服装的色彩、款式。

【课后实训】　学校将举行校园形象礼仪大赛，请为自己进行个人形象设计。

站如松，坐如钟，卧如弓，行如风

项目三 仪态礼仪

苦练颁奖礼仪，呈现最美姿态　　　　　【案例赏析】

2022年1月23日，迎着漫天的雪花，北京联合大学师范学院英语语言文学系大三学生张欣与伙伴们正式进入张家口赛区待命。在北京冬奥会期间，她将与学校的七名礼仪服务志愿者一起，共同完成张家口赛区云顶滑雪公园场馆庆典仪式的纪念品颁发工作。张欣同时担任着北京联合大学冬奥礼仪志愿者临时团支部书记与云顶驻地庆典仪式领域志愿者的小组长。在被问及这么重的工作会不会吃不消时，张欣自信地说："能为冬奥盛会服务，我非常激动，会尽最大努力承担起领队与小组长的责任，调动起团队所有人的情绪，以最热情饱满、积极向上的状态，投身到志愿服务中去。"

作为北京联合大学校团委组织部部长，张欣也是首都大学生英才学校第18期学员，在校期间她多次积极组织和参与志愿活动。但即便如此，冬奥会礼仪志愿服务对她来说依然是个全新的挑战。

回忆起上岗前的训练过程，她记忆犹新："那时是真的挺辛苦，训练中站定之后，头要往上顶，肩要向下沉，挺胸收腹，身体形成三组抗力，礼仪老师的话不断在脑海中循环反复。因为我没有舞蹈基础，也没有过身姿方面的训练，刚练时比较吃力，心里特别着急，所以经常加练。我自己和自己较着一股劲儿，哪怕腿站到发抖，脸上的微笑笑到抽搐，我也从没放弃。坚持下来之后就感觉一切都轻松了，在现场颁奖时也没有预想的紧张了，我和伙伴们都完美地将训练内容呈现了出来。"

经过了培训阶段的提升，张欣和伙伴们便进入了正式上岗后反复敲定、确认对接流程的团队磨合阶段。上岗近10天，礼仪志愿者多次在实景中进行演练，不允许出现"真空地带"。云顶滑雪公园场馆分为A、B、C三区，三个区雪场中的上、下场口不同，所以要不断踏勘场地，准确引领运动员上、下场，进入混采区和颁奖仪式现场，一系列流程必须流畅衔接，做到一气呵成。"现在我们对场地情况已经相当熟悉了，但即便如此，我们也要再按照流程多走上几遍，确保万无一失。"张欣说。

2022年春节与冬奥会相交，这也是张欣第一次没法在家过年。虽然很想家人，但能参与北京冬奥会的志愿服务，她感到很快乐很充实。"农历小年的时候，我特意为爸爸妈妈录了段视频，让他们多注意身体，如果想我了，就多看看视频。家人非常支持我，冬奥组委和学校也为我们做足了保障。身为学生骨干和预备党员，在国家需要的时候，我理应承担起责任。能在冬奥赛场的志愿服务中过一个春节，我感觉特别荣耀。"

（资料来源：北京青年报，有改动）

【启　示】　中华民族是一个非常注重仪态修养的民族。在《弟子规》中就曾写道："步从容，立端正，揖深圆，拜恭敬；勿践阈，勿跛倚，勿箕踞，勿摇髀；缓揭帘，勿有声，宽转弯，勿触棱。"这些要求对于现代人来说，仍具有意义，对人们讲究仪态端庄、行为优雅依然适用。

任务 1　表情礼仪

【任务情境】

> 经过激烈的角逐，职业学院毕业的张力终于进入了某商贸公司。上班第一天，他按照公司的要求，穿着白衬衣、黑皮鞋、深色西服。可他的整个身姿看上去不那么挺拔，走路给人不平稳感，和人说话时眼睛上下移动，左顾右盼，着急时还爱眨眼。

随着现代社会交往的日益频繁，人们对职场上所呈现的个人礼仪修养倍加关注。细节之处显精神，举止言谈见文化。在职场中，个人形象的塑造，不仅涉及个人，而且事关单位全局。

心理学家的研究表明，在人际交往中，与陌生人见面时，往往 7 秒钟就能对这个人作出评估。在这最初的 7 秒钟内，每个人都会自觉或不自觉地用眼睛、面部表情和态度来表达自己的情感和感觉，而这些常常并不需要通过语言。因此，在一定意义上可以说，与人交往你只有 7 秒钟时间来给对方创造良好的第一印象，你的表情、语言、姿势等都能影响别人对你的看法，而在这其中，表情是至关重要的。

表情，主要指通过面部的颜色、光泽，肌肉的收缩与舒展，纹路的变化，眼睛、眉毛、嘴巴、鼻子的动作以及它们的综合运动所反映的人的心理活动和情感信息。人的表情是一种无声的"体态语言"，人的喜、怒、忧、思、悲、恐、惊等七情，都可以通过表情，尤其是面部表情表现出来。表情是人的仪态的重要构成部分。

【思考一下】

张力在哪些方面需要提高？应该如何改进？

子曰："质胜文则野，文胜质则史。文质彬彬，然后君子。"

——《论语》

【礼仪小贴士】

微笑礼仪

一、眼神

眼睛是五官中最敏感的器官，被称为人类的心灵之窗。而眼神是面部表情的核心，从一个人的眼神中可以看到他的整个内心世界。一个拥有良好交际形象的人，眼神应该是亲切、友善、坦然的。

在人际交往中，我们要注意对人的注视。注视的部位、注视的角度和注视的时间都有不同的含义和要求。

（一）注视的部位

（1）公务注视。在洽谈、磋商、谈判等严肃场合中，目光要严肃认真，注视的部位应在以两眼为底线、额中为顶角所形成的三角区域内。

（2）社交注视。在各种社交场合，注视的位置应在以两眼为上线、唇心为下顶角所形成的倒三角区域内。

（3）亲密注视。在亲人之间、恋人之间、家庭成员之间，注视的位置在对方双眼到胸部区域之间。

（4）远距离注视。远距离注视时，注视眉部以上就可以了，肩部以下或身体以外是隐蔽区，总是注视这样的区域会给人厌烦或不自在的感觉。

（二）注视的角度

注视的角度不同，目光的含义也就不同。

（1）俯视。一般表示"爱护、宽容"或"傲慢、轻视"。

（2）正视。一般多为"平等、公正"或"自信、坦率"。

（3）仰视。一般体现"尊敬、崇拜、期待"。

（4）斜视。一般表示"怀疑、疑问、轻蔑、不自信"。

在与人交谈的过程中，目光应以温和、大方、亲切为宜，多用正视的目光，双目注视对方的眼鼻之间，表示重视对方或对其发言颇感兴趣，同时也体现出自己的坦诚。

（三）注视的时间

在交往中，注视对方时间的长短也传递着信息。目光注视时间的长短，要视关系亲疏和对对方的重视程度而定。一般对初次接触的人，应先正视一眼，同时做微笑、点头、问候或握手等动作，然后转视他人或四周，避免长时间注视对方。对于熟人、故交，或对交往对象表示友好、重视，注视对方的时间则长一些。在谈话中，目光与对方接触累计应达到整个谈话过程的30%～60%，且听的一方注视的时间要稍长一些。有时双方目光会出现对视，此时不要迅速躲闪，而应泰然自若地缓慢移开。

【知识窗】

她的眼睛最好看，很深的双眼皮，一对很亮很黑的眼珠，眼珠转到眶中的任何部分都显得灵动俏媚。假若没有这一对眼睛，她虽长得很匀称秀气，可就显不出她有什么特别引人注意的地方了。她的眼睛使全身都灵动起来，她的眼睛把她所有的缺点都遮饰过去，她的眼睛能替她的口说出最难以表达的心意与情感，她的眼睛能替她的心与脑开出可爱的花来。尽管她没有高深的知识，没有什么使人佩服的人格与行动，可是她的眼睛会使她征服一切。看见她的眼睛，人们便忘了考虑别的，而只觉得她可爱。她的眼中的光会照到人们的心里，使人立刻发狂。

二、微笑

在社会交往中，微笑是最美的礼仪。微笑不仅是一个妩媚动人的符号，更是一个无风险、高回报的"投资项目"。微笑可以将交往双方的心理距离拉近，使交往氛围融洽，没有谁会拒绝别人的微笑。真诚、信任、礼貌的微笑，会为我们的社交打开一扇通向成功的大门。

图 3-1 微笑（1）

图 3-2 微笑（2）

（一）微笑的内涵

微笑有其自身独特的内涵，其具体表现为如下内容。

（1）反映一个人的内在精神状态。一般能够经常绽放微笑的人，内心是积极、健康、乐观向上的。

（2）自信的象征。微笑是人所拥有的一种可贵气质。一个奋发向上、对本职充满热情的人，总是微笑着走向生活、走向社会，充满自信的力量。

（3）和睦相处的反映。善于与人相处的人，往往能经常保持微笑。

（4）心理健康的标志。微笑反映出一个人心境愉快、开朗坦荡、心地善良。

（5）有益健康。人在微笑时，全身的肌肉松弛，达到一种放松的状态，有利于新陈代谢。据有关医学家的实验结果得知，在病人面前，医护人员的微笑，对患者的安抚胜过十剂良药。所以，笑是人类健康的保证。

（6）一个人礼仪修养的充分展现。一个有知识、重礼仪、懂礼貌的人，常常把微笑当做最好的礼物，慷慨地奉献给别人，与人心灵相通、友好、亲近。

（二）微笑的魅力

微笑是真正的"世界语言"。微笑的妙处，在于它的温文尔雅，在于它的含而不露，在于它在任何场合都是无往而不胜的有力"武器"。其主要表现为以下内容。

（1）当赞美别人时，微笑会使你的赞美词更有分量。

（2）当拜托别人时，微笑会使对方无法拒绝你的请求。

（3）交际中出现僵局时，微笑能够缓解气氛。

（4）萍水相逢时，微笑能够使对方觉得你像老朋友一样亲切。

（5）微笑能使对方觉得自己是值得信赖并能友好相处的人，从而为双方的沟通扫清障碍。

在国际交往中，外交家和企业家视微笑为第一交际语言，并在国际交往及经济交往中加以得心应手的运用。周恩来总理闻名中外的"微笑外交"便是很好的例子。

微笑是力量，它是一种伟大的爱的体现。微笑是财富，它能被世界上所有的人接受。面对困难，微笑含着勇敢；面对误解，微笑显出宽容；面对挫折，微笑与自信同在；面对冷漠，微笑洋溢着热情。如果没有微笑，生活就会黯淡无光。

【知识窗】

微笑诗

微笑　　　　一下

并不费力，它却能产生无穷

的魅力。受惠者成为富有，施予者并不贫穷。

它转瞬即逝，却往往留下永久的回忆。富者虽富，

却无人肯抛弃；穷者虽穷，却无人不能施予。它

带来家庭之乐，又有友谊绝妙的表示。它可

使疲劳者解乏，又可给绝望者以勇气。如

果偶尔遇到某个人，没有给你应得的微

笑，那么你将你的微笑慷慨地给予

他吧！因为没有任何人比那

不能施予别人微笑的

的人更需要

微笑！

微笑作为一种表情，不仅是形象的外在表现和人的内在精神的反映，而且也是一种内在气质的外在表现。因此，为人处世中正确掌握微笑的技巧最为重要。一种有分寸的微笑再配上优雅的举止，对于表达自己的主张，争取他人的合作，会起到不可估量的积极作用。

（三）微笑的基本要求

礼节性的微笑，其得体恰当的动作要领如下：一要额肌收缩，眉位提

高，眼轮匝肌放松；二要两侧颊肌和颧肌收缩，肌肉稍微隆起；三要两侧笑骨收缩，并略向下拉伸，口轮匝肌放松；四要嘴角含笑并略微上提，嘴唇要半开半闭，以不露齿为宜。

微笑要发自内心、自然大方、真挚热忱，显示出自己的亲切与慈祥。微笑要由眼神、眉毛、嘴巴、表情等方面的动作协调配合来完成。生硬、虚伪、情不由衷的微笑则不可取。

我们要学会微笑，不能因为精神疲惫、心情受挫而改变自己的情绪，失去自己的微笑。当我们内心经受痛苦折磨时，一旦在公众场合出现，就要立刻和当下的场合融为一体，能够微笑面对大家，这是需要我们多加学习才能具有的能力。

（四）微笑的禁忌

在正式的社交场合，我们要做好微笑，一定要和以下几种"笑"区分开来。

（1）假笑。虚假的笑，皮笑肉不笑。

（2）冷笑。面带怒意、讽刺、不满、无可奈何、不屑一顾的笑。

（3）怪笑。笑得阴阳怪气，令人心里不舒坦，这种笑常含嘲讽、恐吓之意，会使人感到厌恶。

（4）媚笑。故意逢迎讨好别人，并伴随一定功利目的的笑。

（5）窃笑。暗自偷笑，幸灾乐祸，洋洋自得地取笑、嘲讽他人。

（6）狞笑。面带凶相的笑，一般表示愤怒、惊恐、吓唬等，这样的笑非常失态。

"逢人面带三分笑"，微笑是善意的标志，友好的使者，礼貌的表示。在人际交往过程中，无论是熟人相见，还是陌生人萍水相逢，只有将微笑倾情奉献，才能感受到对方的盛情和美意。

【知识窗】

有愉色者必有婉容

孝子之有深爱者必有和气，有和气者必有愉色，有愉色者必有婉容。孝子如执玉，如奉盈，洞洞属属然，如弗胜，如将失之。严威俨恪，非所以事亲也，成人之道也。

——《礼记》

译文：如果孝子对父母有深深的爱戴，心中就必然充满和顺之气；心中充满和顺之气，脸上就一定会表现为和颜悦色；脸上有和颜悦色，就一定会有温婉的容貌。

孝子在祭祀时，容貌敬慎，就好像拿着贵重的玉，又好像端着满满的一杯水，那份虔诚，那份专注，就好像拿不动，又好像生怕失手打坏。相反，那种威严肃穆、一本正经的样子，不是孝子用来侍奉父母的态度，而只是作为成年人应有的态度。

【拓展阅读】

在某宾馆，一位客人外出后，他的一位朋友来访，要求进他的房间去等候。由于客人事先没有留言交代，总台服务员没有答应。客人回来后见朋友还坐在大堂沙发上等候，十分不悦，马上跑到总台与服务员争执起来。公关部李小姐闻讯赶来，刚开口解释，客人就把她作为泄怒的新目标，指着她呵斥起来。当时李小姐头脑很冷静，她明白在这种情况下，作任何解释都是毫无意义的，反而会导致客人情绪更加冲动。于是就采取冷处理的办法，让他尽情发泄，自己则默默地看着他，"洗耳恭听"，脸上始终保持着一种亲切友好的微笑。一直等到客人把话说完，平静下来后，李小姐才心平气和地告诉他酒店的有关规定，并对刚才发生的事情表示歉意。客人接受了她的劝说，并诚恳地表示："你的微笑征服了我，而我刚才情绪那么冲动，很不应该，希望下次来饭店时能有幸再次见到你亲切的微笑。"

【思考一下】

1. 结合案例谈谈"微笑"的作用。

2. 怎样的微笑才能打动人心？

【课堂活动】

请运用以下几种方法训练微笑。

1. 记忆提取法

据说，记忆提取法是演员们在训练中常用的一种方法，也被称为"情绪记忆法"。就是将自己过去那些最愉快、最令人喜悦的情景，从记忆中唤醒，使这种情绪重新袭上心头，重现那惬意的微笑。

2. 观摩欣赏法

观摩欣赏法是几个人凑在一起，互相观摩、议论，互相交流，互相鼓励，互相分享开心微笑的一种方法。也可以平时留心观察他人的微笑，把精彩的"镜头"封存在记忆中，时时模仿。

3. 含箸法

含箸法的道具是一根洁净、光滑的圆柱形筷子（不宜用一次性的简易木筷，以防拉破嘴唇），横放在嘴中，用牙轻轻咬住（含住），以观察微笑状态。但此法不易显示与观察双唇轻闭时的微笑状态。

任务 2　手姿礼仪

【任务情境】

一个学者在讲述他演讲成长时说道：我初次登台演讲时，因为紧张，手不知道往哪里放，只好把手背在身后。可过了一会，我自己觉得很滑稽：这哪里是演讲啊，简直是小学生在背课文。可是当我把手从身后收回来，还是无处可放，讲了一会，我无意中把双手插进了裤子口袋里。演讲结束后，一个同学对我说，"你太有个性了，手还插在口袋里。"不用说，演讲自然是以失败告终。

图 3-3　手姿

凡饮食，举匙必置箸，举箸必置匙，食已，则置匙箸于案。

——朱熹《童蒙须知》

【思考一下】

1. 你懂得怎样正确给人指示方向吗？
2. 在正式场合中，手势语越多越好吗？
3. 你懂得怎样正确递送文件吗？
4. 你懂得怎样正确鼓掌吗？

【礼仪小贴士】

手姿，也叫手势，是运用手指、手掌、拳头和手臂的动作变化表达思想感情的一种体态语言。手是人体活动幅度最大、运用操作最自如的部分，手势的形式和内涵都极为丰富。在身体的各个部位中，手的表达能力仅次于脸。在社会交往中，手势有着不可低估的作用。生动形象的语言再配合准确的手势动作，会使交往更富有感染力、说服力和影响力。

一、手姿的类别

（一）情意性手姿

情意性手姿主要用于带有强烈感情色彩的内容，表现方式极为丰富，感染力极强。

（1）双手合起于胸前，表示隆重的谢意、承让等。

（2）鼓掌表示欢迎、喝彩、友好等。

（3）握拳表示强烈的信念、必胜的力量、喜悦的欢呼等。

（二）指示性手姿

指示性手姿主要用于指示具体的事物、数量、位置等，特点是动作简单，表达专一，一般不带感情色彩。

手姿礼仪

1. 引领指示

引领指示常用于各种社交场所，这是一种手与臂的协调动作，用于引导或指示方向。引领时，五指伸直并拢，手臂伸直，成为一条直线与肩齐平，指尖指向物品或方向。有时可保持手姿顺势送出几步，表示对他人的尊敬和关怀。

2. 挥手道别

大臂抬至与肩同高或高于肩部，小臂与大臂约呈 90° 角，指尖朝上，掌心向着对方，手指自然伸直并拢，手腕晃动。

3. 递接物品

递接物品时要用双手，用单手会被视为无礼的行为。如果双方距离较远，应起身走近对方。如递送有文字、图案、正反面的物品时，要正面朝上并朝向对方。

（三）象征性手姿

象征性手姿用来表达一些比较复杂的情感或抽象的概念，从而引起对方的思考和联想。

1. 夸赞手姿（图 3-4）

拇指向上，表示棒、一流、赞同的意思。

2. "OK"手姿（图 3-5）

拇指和食指合成圈状，其余手指自然伸开，即成"OK"手姿。

3. "V"形手姿（图 3-6）

伸出食指和中指，掌心朝外，其余手指弯曲合拢，即成"V"形手姿。这种手姿有时表示胜利，"V"是英语单词"victory"（胜利）的第一个字母；有时也表示数字 2。

图 3-4　夸赞手姿

图 3-5　"OK"手姿

图 3-6　"V"形手姿

二、手姿的原则

手姿是无声的语言，如果表达不当会适得其反。手姿的运用要注意几个原则。

（1）应简约明快，不宜过多，以免让人感觉眼花缭乱或者喧宾夺主。

（2）要文雅自然，避免指指点点、摆弄手指等不良手姿，不要让不良的手姿降低身份，影响形象。

（3）手姿的运用应是发自内心的流露，应协调和谐，要与全身协调，与情感协调，与语言协调。

（4）手姿因人而异，富有个性的手姿也能成为个人的标志和象征。

握手礼的起源

握手礼是欧洲中世纪的骑士们发明的。在战争期间，骑士们都穿盔甲，除两只眼睛外，全身都包裹在铁甲里，随时准备冲向敌人。如果表示友好，互相走近时就脱去右手的甲胄，伸出右手，表示没有武器，互相握手言好。后来这种友好的表示方式流传到民间，就成了握手礼。

另一种说法是握手礼源于刀耕火种的原始时代。当时，人们在狩猎或战争中，手上都拿着石块或棍棒等防卫武器，倘若途中遇到陌生人，如大家都无恶意，就放下手中的武器，并伸出手掌，让对方抚摸手心，表示手中没有武器。后来这种礼俗就演变成今天的握手礼。

图 3-7　握手（1）

图 3-8　握手（2）

张女士是商务工作者，由于业务成绩出色，随团到中东地区某国家考察。抵达目的地后，受到东道主的热情接待，并举行宴会招待。席间，为了表示敬意，主人向每位客人一一递上一杯当地特产的饮料。轮到张女士接饮料时，一向习惯于"左撇子"的张女士不假思索，便伸出左手去接，主人见此情景脸色骤变，不但没有将饮料递到张女士的手中，而且非常生气地将饮料重重地放在餐桌上，并不再理睬张女士。

请以两人为一组，面对面站立，练习不同类别的手姿礼仪并相互指点。

任务 3 站姿礼仪

【任务情境】

入住酒店的某大公司经理外出以后回客房时，一走出电梯，就有一位客房部的女服务员倒背着双手，面带微笑，用亲切的话语向他问好。这位客人虽也很客气地回答了服务员的问候，却带着一种不满意的表情看了服务员一眼。这位女服务员也看出了客人的不满意，但她有点想不通，她不知道自己面带微笑，亲切地向客人问好有什么不对。

【思考一下】

1. 客人为什么对这位女服务员不满意？

2. 什么样的站姿是合乎礼仪的？

姿态礼仪

一、站姿的基本要求

在各种场合，都要力求做到"站如松"，即站得端正、挺拔、优雅。这是站姿的最基本的要求。

站立时，应头正颈直，双眼平视，嘴唇微闭，下颌微收，挺胸直腰，上身自然挺拔，双肩保持水平，两臂自然下垂，手指并拢自然微屈，双手中指紧贴裤缝，腿膝伸直，脚跟并拢，两脚尖张开形成 45° 的夹角，身体重心落在两脚之间。

二、几种基本的站姿

（一）男士的基本站姿（图 3-9）

一般而言，男士在社交场合可采用分腿式站姿，其又可分为前腹式站姿和后背式站姿。

（1）前腹式站姿。身体直立，挺胸抬头，下颌微收，双目平视，两膝并严，脚跟靠紧，脚掌分开呈"V"字形，提髋立腰，吸腹收臀，双手在腹前交叉，右手搭在左手上，贴在腹部。

（2）后背式站姿。身体直立，挺胸抬头，下颌微收，双目平视，两脚分开比肩宽略窄，双手在身后交叉，右手搭在左手上，贴在臀部。

（二）女士的基本站姿（图 3-10）（图 3-11）

一般而言，女士的站姿主要分为扇形站姿和丁字步站姿。

（1）扇形站姿。身体直立，挺胸抬头，下颌微收，双目平视，两膝并严，脚跟靠紧，脚掌分开呈"V"字形，提髋立腰，吸腹收臀，双臂自然下垂，双手放在两侧，中指紧贴裤缝；或双手在腹前交叉，右手搭在左手上，贴在腹部。

（2）丁字形步站姿。身体直立，挺胸抬头，下颌微收，双目平视，两膝相靠，脚掌呈"丁"字形，提髋立腰，吸腹收臀，双手在腹前交叉，右

图 3-9 男士基本站姿

手搭在左手上，贴在腹部。

总之，站的姿势应该是自然、轻松、优美的，不论采取何种站姿，只有脚的姿势及角度和手的位置在变，而身体一定要保持绝对的挺直。站立时还应注意面带微笑，使规范的站立姿态与亲切的微笑相结合。

三、不正确的站姿

不正确的站姿若是不加以纠正，形成习惯，往往会在无意之中使本人的形象受损。需要努力纠正的不正确站姿有如下七种。

（一）身躯歪斜

头偏、肩斜、身歪，或是膝部不直，不但会看上去东倒西歪，直接破坏人体的线条美，而且还会给人以颓废消沉、萎靡不振、自由放纵的感觉。

（二）腰弯背驼

腰部弯曲，背部弓起，同时伴有颈部弯缩、胸部凹陷、腹部撅起等其他不良体态。凡此种种，会显得一个人缺乏锻炼，健康不佳，无精打采，往往对个人形象的损害会更大。

图 3-10　女士基本站姿 1

（三）双腿大叉

应切记：双腿在站立时分开的幅度越小越好，以双腿并拢为佳。

（四）脚位不当

在正常的情况下，双脚在站立时呈现出"V"字式、"丁"字式、平行式等脚位都是合适的。但是，采用八字式、蹬踏式等脚位，则是不合适的。

（五）手位不当

主要有五种情况：一是将手放在衣服的口袋之内，二是将双手抱在胸前，三是将两手抱在脑后，四是将双肘支于某处，五是将两手托住下巴。

（六）半坐半立

需要自己站立之时，为了贪图安逸而擅自采取半坐半立之姿，会让人觉得有些过分的随便。

（七）浑身乱动

不宜在站立时频繁地变动体位，更不可浑身上下乱动不止。手臂挥来挥去，身躯扭来扭去，腿脚抖来抖去，都会使一个人的站姿显得十分难看。

图 3-11　女士基本站姿 2

【拓展阅读】

不同站姿的内涵

1. 双手插口袋

很多男性在站立或走路的时候，习惯性地双手插口袋，认为这是一个很随意的，看起来又很酷的动作。从心理学角度分析，双手插裤袋是一种隐藏手掌的行为。把自己的手掌对着别人代表着友好和服从，而隐藏自己的手掌则表明这个人不会轻易在人前表露自己内心的情绪，性格趋于保守，警觉性高。当然单凭这一点是不能看出人的性格的，你还要结合他的言谈等各方面综合分析。

2. 双臂交叉抱于胸前

站立时，双臂交叉抱于胸前，就好像是无形中筑了一道屏障，把不喜欢的人或物通通挡在外边。这一姿势传递出的信息有防御、消极或者否定。在餐厅等一些公众场所，我们经常能看到这样一幕，双手不知道往哪儿放，下意识地双臂交叉抱于胸前。第一次和喜欢的人约会，由于对彼此的关系不确定，也会摆出这样的姿势。这种动作在男性中比较多见，它给人的印象非常不友好，很容易影响约会的气氛。另一种情况是，当你与人交谈时，发现对方摆出了双臂交叉的姿势。你应该立即思考自己刚刚所说的话，是否冒犯到了他。语言总是苍白无力，而肢体语言往往能暴露一个人内心的真实想法。

3. 双手背在身后

双手背在后面，多见于领导人物、老年人中。这一动作反映的性格特征是尊重权威，富有责任感，但也有可能是为了掩饰自己内心的紧张情绪。在重要的社交场合，一些领导层的人，为了能在气势上震慑别人，或者让自己显得有权威，通常会做出双手背后的动作。如果一个人双手背后，一边踱步，则表示人在沉思。这一类人做事以及决策都比较慎重稳妥。老年人喜欢把手背在身后，这表明在他们看待问题时坚持自己的想法。

【礼仪小贴士】　　短短几十秒钟的"电梯旅程"，包含了很多站立的礼仪：如电梯到达后，应先出后进；尽量让长者、尊者、妇女、儿童、伤残者先行，自己可用手挡住电梯门的一侧；身后有人要下电梯时，应主动让出道，必要时还需要先走出电梯，等其他人出来后再进去；乘坐自动扶梯时，自觉站向一侧，留出"快速通道"；等等。

【课后实训】　　1. 为了便于纠正不良站姿，可以在他人的帮助下或自己对着镜子进行训练，在找准规范动作时的感觉后，再坚持进行每次20分钟左右的训练。

2. 靠墙站立练习，要求后脚跟、小腿、臀部、双肩、后脑勺都要紧贴墙壁。训练时，可同时在头上放一本书，保持书不落地，以使头保持正直。

3. 头顶书练习，要求把书放在头顶中心，为了使书不掉下来，头、躯体自然保持平衡。

4. 两人一组，背靠背站立练习。

任务 4　坐姿礼仪

【任务情境】

> 有位公司的总经理，与另一家知名公司洽谈合资业务，谈了好几次，最后一次谈判之前，他对朋友说："这是我最后一次会谈了，我要跟他们的最高领导谈，谈得好，就可以'拍板'了。"过了两个星期，朋友问他："谈成了吗？"他说："没谈成。"朋友问其原因，他回答："对方很有诚意，进行得也很好，但是这个跟我谈判的领导坐在我对面跟我谈判时，不时地抖动他的双腿。我觉得还没有跟他合作，我的财运就被他先抖掉了。"

常言道，坐如钟。学生不仅要站有站相，而且要坐有坐相，以表现一个人静态的美。端庄优美的坐姿，会给人以文雅、稳重、大方的美感，给人留下良好的印象。

一、入座、离座要求

（一）入座的要求

1. 在他人之后入座

出于礼貌，与他人一起入座，或与对方同时入座，一定要先请对方入座，自己切勿抢先入座。

2. 在适当之处入座

在大庭广众之处就座时，一定要坐在椅子、凳子等常规的位置上，坐在桌子上、窗台上、地板上，往往是失礼的。

3. 在合"礼"之处入座

在与他人同时就座时，应当注意座位的尊卑并且主动将上座让于他人。

4. 从座位左侧入座

假若条件允许，应当注意最好从座位左侧入座。这样做十分礼貌，而且也易于就座。

5. 向周围邻座致意

就座时，若附近坐着熟人，应主动跟对方打招呼。若不认识身边的人，亦应向其先点头致意。在公共场合，要想坐在别人身旁，还须先征得对方同意。

6. 毫无声息地就座

就座时，放松身体，轻轻入座，尽量不要因座椅响声打扰他人。

【思考一下】

1. 什么导致了洽谈的失败？

2. 我们应该运用怎样的坐姿来提升自己的形象？

7. 以背部接近座椅

先侧身走近座位，背对其站立，右腿后退一点，用小腿确认一下座椅的位置，然后顺势坐下。

（二）离座的要求

1. 先有表示

离开座椅时，身旁如有人在座，须用语言或动作向其示意，随后方可站起。突然一跃而起，有时会令人受到惊扰。

2. 注意先后

与他人同时离座，须注意起身的先后次序。地位低于对方时，应稍后离座。地位高于对方时，则可先离座。双方身份相近时，允许同时起身离座。

3. 起身缓慢

离座时，最好动作轻缓，无声无息，尤其要避免拖泥带水，弄响座椅，或将椅垫、椅罩掉在地上。

4. 站好再走

离开座椅后，先要采用"基本站姿"，站定之后，方可离去。要是起身便走，或是离座与走开同时进行，则会显得过于匆忙。

5. 从左离开

起身后，宜从左侧离去。与从左侧入座一样，从左侧离去也是一种礼节。

二、坐姿的要求

（一）坐姿的基本要求

庄重、文雅、大方，即所谓的"坐如钟"。

（二）坐姿的具体要求

入座后，仅坐椅子的前 2/3 处，头正颈直，下颌微收，面带微笑，双目平视前方或注视对方。身体保持正直，挺胸收腹，腰背挺直。

女士要求双腿并拢，小腿与地面垂直，双膝和双脚脚跟并拢；男士的双膝可略分开些，双腿正放（图 3-12）。

双肩放松下沉，双臂自然弯曲内收，女士可双手呈握指式，右手在上，手指自然弯曲，放于腹前双腿上；男士可双手自然放在腿面上，掌心向下（图 3-13）。

（三）几种女士常见的坐姿

1. 双腿斜放式坐姿（图 3-14）

这种坐姿分左斜放和右斜放两种方式。左斜放是指在基本坐姿的基础上，左脚向左平移一步，左脚掌内侧着地，右脚左移，右脚内侧中部靠于左脚脚跟处，右脚脚掌着地，脚跟提起，双腿靠拢斜放。两膝始终相靠。右斜放式的方向与之相反。这种坐姿，特别适合穿裙装的女性在较低处就座时使用。

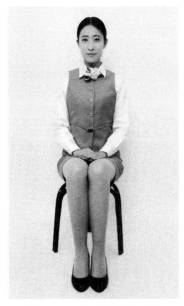
图 3-12 女士的基本坐姿

图 3-13 男士的基本坐姿

图 3-14 斜放式坐姿

2. 双腿交叠式坐姿（图 3-15）

这种坐姿适合女士在正规或非正规场合使用。尤其适合穿短裙的女士采用。其造型极为优雅，有一种大方高贵之感。双腿一上一下交叠在一起，双腿之间没有间隙，双腿或斜放于左侧或斜放于右侧，腿部与地面约成 45° 夹角，叠放在上的脚尖垂向地面。

3. 前伸式坐姿

在基本坐姿的基础上，左小腿向前伸出 45°，右小腿跟上，右脚在上

图 3-15 交叠式坐姿

与左脚相交，两脚交叉于踝关节处，膝部可略微分开。

4. 双腿后收交叉式坐姿

在基本坐姿的基础上，双脚后收于椅子下，两脚脚掌着地，脚跟提起，两腿靠拢。

（四）坐姿的注意事项

忌坐椅时前俯后仰、东倒西歪，上体应保持正直；忌摇腿、跷脚或将两膝分开，社交场合不要跷二郎腿；忌瘫坐在椅内或沙发上；坐在椅子上，最多坐满椅子的 2/3；女子如着裙装，坐下或起立时都应护裙。

【拓展阅读】

孟子欲休妻

孟子提倡尊"礼"，讲究礼节，有一次因为妻子的坐姿不端，竟要与之离婚。

据记载，孟子的妻子田氏独自一人在内室，随意坐着休息。突然进屋的孟子看见妻子岔开两腿的坐相，就退了出来。然后，孝顺的孟子对母亲说："这个妇人不懂礼仪，请准许我把她休了。"孟母说："为什么呢？"孟子说："她岔开两腿坐着。"孟母问："你怎么知道的？"孟子说："我一进房间就看见了。"孟母说："那是你不懂礼仪，不是你媳妇不懂礼仪。进门时，应该先问问谁在房间；进客厅时，应该先高声打招呼，让里面的人知道；进了房间，眼睛应该往下看，避免看见别人的隐私。这些都是为让人有准备，以免尴尬。现在你趁人不备去你媳妇休息的房间，进屋也不打招呼。她因为不知道你进去，没有准备，才被你看到了不合礼仪的坐相。你要求别人守礼，但你首先要尊重别人啊。是你失礼、无礼在先，怎么反而责怪别人呢？"

母亲的一番言语，使孟子心服口服，深感惭愧，打消了休妻的念头。

孟子的妻子在自己的房间随意的坐相叫"箕踞"，即臀部坐地，两腿岔开，双膝屈起，像个簸箕，这在周代是不尊重人的姿势。尊"礼"的孟子知行合一，所以对妻子的行为不能容忍。所幸孟母不愧是教子有方的贤母，通情达理，指出不合礼法的是孟子自己，避免了儿子的一场婚姻危机。

【课后实训】

坐姿训练

坐下后的腿位和脚位是坐姿训练的主要内容。训练时要求上身挺直，腿姿优美，还应进行落座、起身训练。

坐姿训练，最好是在形体训练房进行，可以坐在镜子前，对着镜子检查自己的坐姿。也可以在教室或宿舍内进行，同学之间互相指导纠正。训练时间每次以 20～30 分钟为宜，训练时最好配上音乐，以减轻疲劳。

任务 5　行姿礼仪

【任务情境】

如果说中国人民解放军是一本厚重的史书，那么陆海空三军仪仗队就是这部史书的精美扉页。挺拔的身姿、标准的动作、雄浑的气势，陆海空三军仪仗队每一次出发，都代表着中国的骄傲；每一次亮相，都是最完美的姿态。他们不畏辛苦，勇于奉献，以自信开放的姿态走向世界，处处展示着我国的国威、我军的军威，向世界展示中国军人威武文明的形象，传递中国人民对和平友谊的向往追求。

行走是人们生活中的主要动作。行姿是站姿的延续，是一种动态的美。行姿能直接反映出一个人的精神面貌，最能表现出一个人的风度、风采和韵味（图 3-16）。

一、行姿的规范要求

行走总的要求如下：走得轻巧、自如、稳健、大方，有节奏感。这些都体现了"行如风"的特点。

（1）头正颈直，下颌微收，目光平视前方（约 4 米处）。

（2）挺胸收腹，直腰，背脊挺直，提臀，上体微前倾。

（3）肩平下沉，手臂放松伸直，手指自然弯曲，摆动两臂时，以肩关节为轴，上臂带动前臂呈直线前后摆动。两臂前后摆幅不得超过 30°。

（4）提髋，屈大腿带动小腿向前迈步，脚跟先触地，身体重心落在前脚掌上。身体重心的移动，主要是通过后腿后蹬将身体重心推送到前脚掌，从而使身体前移。前脚落地和后脚离地时，膝盖须伸直。

（5）步位有讲究。步位即脚落地时的位置。女士行走时，两脚内侧着地的轨迹要在一条直线上。男士行走时，两脚内侧着地的轨迹不在一条直线上，而是在两条直线上，呈平行线行走。

（6）步幅要合适。步幅即跨步时两脚之间的距离，是前脚跟与后脚尖之间的距离，通常步幅是 1 ～ 1.5 脚长。

（7）行走时脚不宜抬得过高，也不宜过低。过低会使鞋底与地面相摩擦。

（8）速度均匀。在一定场合，一般应保持相对稳定的速度。在正常情况下，服务人员每分钟走 60 ～ 100 步。

以上是行姿的基本要求，还应注意，男士的步态应雄健有力、豪迈洒脱，显示出英武的阳刚之美；女士的步态应轻捷、含蓄、优雅、飘逸，显

【思考一下】

1. 中国人民解放军陆海空三军仪仗队给你留下的印象是什么？

2. 正确的行姿礼仪包括哪些？

3. 你的行姿会给人留下好印象吗？

图 3-16　行姿

示出柔和、庄重、文雅的温柔之美。

此外，不同的场合对行姿的要求也有所不同。如在喜庆的场合，要走得轻松、轻盈；在庄重的场合，步伐要稳重；在开会等严肃的场合，要踮着脚走；迎宾时的行姿应是一种"敞开"的姿势；等等。

二、不正确的行姿

（1）走路时肚子腆起，身体后仰。

（2）迈脚的方向不正，呈现明显的"外八字"或"内八字"。

（3）女士走路时两脚没有落在一条直线的沿线上，明显地叉开双脚。

（4）脚迈着大步，身体左右摆动，像鸭子一样。

（5）手臂、腿部僵直或身子死板僵硬。

（6）脚步拖泥带水，拖着地走。

（7）耷拉眼皮或低头看脚。

（8）双手插在裤兜内，双臂相抱或背手而行。

（9）行走时弯腰驼背、左顾右盼、摇头晃脑、摆胯扭腰等。

三、步态美的追求

步态美是一种动态的美。对步态美的要求是做到协调稳健、轻盈自然。行走中的姿态，男士要显示出阳刚之美，女士要显示出款款轻盈、阴柔之美。

（一）男士的步态美

男士在工作场合，走路应挺起胸膛，显出朝气，大步向前走。双脚落地平稳而有力，不拖泥带水。双臂自然摆动，给人以充满自信的感觉及镇定自如的气度。

在悠闲时轻踱慢行，要显示出男士的一种逍遥风度。做到不慌不忙、边走边看、边与同伴谈笑风生，给人以气度不凡的姿态。

（二）女士的步态美

步态轻盈是女士行姿的基本要求，轻盈的步态如鱼翔浅底，轻快柔美，又如月出深涧，美在动中有静、静中有动，给人以婀娜多姿的美感。但步态轻盈的同时要注意稳健、自然、大方，要体现出力度与弹性，不可上下摇晃、浑身扭动。

女士在公共场所行走时要抬头、挺胸、收腹，上身保持正直；双臂自然下垂，协调地前后摆动于身体两侧；脚尖指向正前方，提膝、迈小腿，脚跟落地，脚掌接趾推送；步幅要均匀，频率要适中，落脚的声音不可太大。

另外，女士行走的步态应根据着装的特点而有所区别：一般穿以曲线条为主的服装显得比较妩媚、柔美、优雅、飘逸；而穿以直线条为主的服装显得比较庄重、大方、舒展、矫健。因此，当女士穿短裙或旗袍（以曲线为主）时，要走成一条直线，走路的幅度不宜大，以免短裙或旗袍开衩过大，暴露太多，显得不雅。动作要领如下：两脚跟前后要走在一条线上，脚尖略外开，两手臂在体侧自然摆动，幅度也不宜过大；髋部要随着脚步和身体重心的转移，稍左右摆动，使裙子或旗袍的下摆与脚的动作显示出优美的韵律感。当穿裤装（以直线为主）时，宜走成两条直线。其动作要领如下：应注意套装的挺拔，保持后背平直，两腿立直；走路的步幅可略大些，手臂放松伸直摆动；不要左右晃肩、扭动髋部。

【知识窗】

不同的行姿所反映的心理特征

心理学家发现：大步走路，步子有弹性及摆动双臂，可显示一个人自信、快乐、友善及富有雄心；走路时拖着步子，步伐小或速度时快时慢则相反；喜欢支配别人的人，走路时倾向于向后踢高；性格冲动的人，喜欢低头急走；而拖着脚走路的人，通常不快乐或内心苦闷；女性走路时手臂摆得高，则显示出她精力充沛和快乐。

【课后实训】

以下方法能有效训练行姿，请加以练习。

1. 走步训练

在地上画一条直线，行走时双脚内侧稍稍碰到这条线，注意检查自己的步位、步幅是否正确，从而纠正"内八字""外八字"及脚步时大时小的问题。

2. 平衡训练

行走时，在头上放个小垫子或书本，用左右手轮流扶住，在能够掌握平衡之后，再放下手进行练习，注意保持物品不掉下来。通过训练，使背脊、脖子竖直，上半身不随便摇晃。

3. 步态综合训练

训练行走时各种动作的协调，女士最好穿西装裙和半高跟鞋练习。最好配上节奏感较强的音乐，训练行走时的节奏感。注意目光平视，不能往地上看，挺胸、收腹、立腰、面带微笑。注意掌握好走路时的速度、节拍，保持身体平衡，双臂摆动对称，动作协调。

任务6　蹲姿礼仪

【任务情境】

夏季，是"女性的季节"，她们穿着打扮十分时尚，有短裙、超短裙、太阳裙、连衣裙、短裤等，给夏季增添了一道亮丽的风景线。但穿着较短的衣裤，在一些时候多有不便，如要拾取掉在地上的东西或取低处的物品时，稍不注意便容易走光，给人留下不好的印象。

【思考一下】

1. 正确的蹲姿是怎样的？

2. 你了解蹲姿的注意事项吗？

图3-17　蹲姿

蹲姿（图3-17）是由站姿转化而来的，当人站立时，两腿弯曲并降低身体高度即形成蹲姿。蹲姿只是人们在比较特殊的情况下所采用的一种暂时性的姿态。如要拾取掉在地上的东西或取低处的物品时，就必须采用蹲姿。

一、蹲姿的规范要求

（一）交叉式蹲姿（图3-18）

右脚在前，左脚在后，右小腿垂直于地面，左膝从右腿后面向左侧伸出，左脚脚跟抬起，前脚掌着地，两腿前后靠紧，合力支撑身体，臀部向下，上身稍前倾。左右脚可交换。

（二）高低式蹲姿（图3-19）

下蹲时左脚在前，全脚着地，右脚稍后，脚掌着地，后脚跟提起，右膝低于左膝，臀部向下，身体基本上由右腿支撑。女士下蹲时两腿要靠紧，男士下蹲时两腿间可有适当间隙。注意下蹲时，上体依然保持正直。左右脚可交换。

二、蹲姿的注意事项

（一）不要突然下蹲

下蹲时，切勿速度过快，特别是在行进中下蹲时，尤其要牢记这一点。

（二）不要方位失当

在他人身边下蹲时，最好与之侧身相向，正面面对他人或背部对他人下蹲都是极不礼貌的。

（三）不要毫无遮掩

在大庭广众之下下蹲时，身着裙装的女性一定要注意保护个人隐私部位。

图 3-18 交叉式蹲姿

图 3-19 高低式蹲姿

（四）不要随意滥用

不要在工作中随意采用蹲姿，也不可蹲在椅子上或蹲在地上休息。

【课堂活动】

1. 开始阶段，学生头顶书本，练习蹲下姿势，可使学生在行蹲姿时，上身姿态保持端正。

2. 在地面摆放一些小的物件，让学生走过去蹲下并拾起物品。

【知识窗】

体态语洞悉人心：

（1）说话后捂上嘴（说话没把握或说谎）；

（2）没有眼神的沟通（试图隐瞒什么）；

（3）擦眼睛或捏耳朵（准备打断别人）；

（4）紧握双手（焦虑）；

（5）紧握拳头（意志坚决，愤怒）；

（6）手指指着别人（谴责，惩戒）；

（7）双臂交叉于胸前（不乐意或不安全）；

（8）小腿在椅子上晃动（不在乎，焦虑）；

（9）背着双手（优越感）；

（10）搓手（有所期待）。

【课后实训】

1. 思考题

（1）你认为应该从哪些方面训练自己的仪态，使自己更符合礼仪规范？

（2）为什么说微笑是人际关系的润滑剂？

（3）如何在日常生活中养成良好的站姿习惯？

（4）坐姿分哪几个步骤完成？

（5）如何掌握步幅的距离？

（6）男生与女生的步态会有所不同，对两者分别有什么要求？

（7）正确的蹲姿要求是怎样的？

2. 课后实训

（1）实训目的

参加实训，使学生掌握基本的、规范的举止（站姿、坐姿和走姿）和微笑。

（2）实训内容

① 集体体验：全体学生同时体验标准礼仪站姿；

② 请两名学生演示优雅的坐姿，内容包括入座、坐定、离座；

③ 请两名学生演示自然生活状态中的良好走姿；

④ 请全体学生同时训练微笑。

（3）实训方法

① 行姿的方法。走路要分场合，脚步的强弱、轻重、快慢、幅度及姿势，必须同出入场合相适应；在室内走路要轻而稳；在公园里散步要轻而缓；在阅览室里走路要轻而柔。总之，步态要因地、因人、因事而异。

② 微笑的基本方法如下。

a. 保持愉快的情绪。练习时要忘掉自我和一切烦恼，让心中充满爱意，做到面含笑意、亲切自然。可使用情绪记忆法，将生活中最高兴的情绪储存在记忆中。微笑时，想起那些使你兴奋的事件，脸上会流露出笑容。或配上优美的音乐，放松心情，减轻单调、疲劳之感。

b. 嘴角上扬。脸部肌肉放松，嘴里念"一"，用力抬高口角两端，做到嘴角上翘、眼角上翘。注意下唇不要过分用力。普通话中的"茄子""田七"等的发音可以辅助微笑口型的训练。

c. 对着镜子练习微笑，调整自己的嘴型，注意与面部其他部位和眼神的协调，露出使自己满意的微笑，离开镜子时也不要改变它。

d. 眼睛笑。当你微笑的时候，眼睛也要"微笑"，否则给人一种"皮笑肉不笑"的感觉。练习时可用一张纸遮住眼睛以下的面部，对着镜子或者同学之间相互观察。

（4）实训要求

① 练习时注意观察示范动作，牢记规范举止要领；

② 比较自己和同学之间的举止是否符合规范；

③ 加强练习，在日常的学习生活中坚持下去，养成良好的习惯，使举止优美优雅，微笑真诚动人。

（5）实训检测表（表 3-1）

表 3-1 实训检测表

考核项目	考核内容		分值	自评分	老师评分	实得分
站姿	身体各部位的正确姿态	头部、颈部、面部	4			
		两肩、胸部	4			
		腰部、臀部	4			
		手位、两脚	4			
	不同站姿的动作要领展示		4			
坐姿	坐姿基本要领的展示		5			
	脚的摆放方式（女士五种，男士五种）		5			
	入座后姿态的整体保持效果		5			
	入座前后的其他礼仪要求		5			
走姿	身体姿态		4			
	跨步的均匀度		4			
	手位摆动的情况		4			
	身体与手、脚的协调配合		4			
	动态美感		4			
蹲姿	高低式蹲姿		10			
	交叉式蹲姿		10			
手势	单手横摆式		5			
	双手横摆式		5			
	曲臂式		5			
	斜下式		5			

失礼则人离，人离则众叛

项目四 **人际交往礼仪**

学习目标

1. 掌握沟通礼仪。
2. 掌握交际礼仪。
3. 掌握交谈礼仪。
4. 掌握电话、网络沟通礼仪。
5. 掌握待客、拜访礼仪。

周总理的外交智慧

【案例赏析】

　　1971年9月，基辛格为尼克松总统访华一事而前来谈判。当时中美关系冷冻了二十几年，刚开始有些微妙变化。美国代表时时猜测着周总理会以什么样的态度对待他们，当周总理出现在美国代表团面前时，他们都不免有些紧张。周总理会意地笑了，伸手与基辛格握手，并友好地说："这是中美两国高级官员二十几年来第一次握手。"

　　基辛格将自己的随员——介绍给周总理。"约翰·霍尔德里奇。"基辛格指着一位高大的男士说。周总理握着约翰·霍尔德里奇的手，说："我知道，你会讲北京话，还会讲广东话。广东话连我都讲不好，你在香港学的吧？"基辛格介绍理查德·斯迈泽："理查德·斯迈泽。"周恩来握着理查德·斯迈泽的手说："我读过你在《外交季刊》上发表的关于日本的论文，希望你也写一篇关于中国的。"温斯顿·洛德没等周恩来开口就自报姓名："温斯顿·洛德。"周恩来握着洛德的手摇晃："小伙子，好年轻。我们该是半个亲戚。我知道你的妻子是中国人，在写小说。我愿意读到她的书，欢迎她回来访问。"

（资料来源：黄玉萍、王丽娟，现代礼仪实务教程，
北京交通大学出版社，2008）

【启　示】

　　礼仪是文明的重要标志，礼貌是人品教养的外在表现，善解人意是冲突能"化干戈为玉帛"的关键。社会是人们人际交往作用的产物，没有人际交往就不成为社会。人们只有在交往中才能生产，才能生存下去。为了更好地进行人际交往，促进相互间的信息沟通与感情交流，大学生必须懂得一些基本的交往礼仪。

任务1　沟通礼仪

【任务情境】

　　王欢是一名应届毕业生，刚毕业的她，整天穿梭在找工作的路途中。有一天，她接到了一个面试通知，是应聘行政客服一职的。她准时来到了该公司参加面试。由于对这项工作的极度渴望，她在考官面前显得太过紧张，有些发挥失常了。就在她从考官眼中看出拒绝的意思而心灰意冷时，一位中年男士走进了办公室和考官耳语了几句。在他离开时，她听到人事主管小声说了句"经理慢走"。王欢灵光一闪，赶忙起身，毕恭毕敬地对他说："经理您好，您慢走！"她看到了经理眼中有些许诧异，然后他笑着对自己点了点头。

　　第二天，王欢接到了录用通知，她顺利地进入了这家公司的客服部。

【思考一下】

王欢应聘成功的原因是什么?

　　在日常工作和生活中，我们需要经常与人沟通。有时候，一个简单的动作或一句简单的礼貌语言，就会立刻消除双方的陌生感，建立起友谊的桥梁。

一、见面称谓的礼仪

　　交际自称呼而始，良好的职场关系往往是从一个得体的称呼开始的。一声热情、礼貌的称呼，像一杯清茶，在那一瞬间，滋润着对方的心田。

　　人际交往，礼貌当先；与人交谈，称谓当先。使用称谓，应当谨慎，稍有差错，便贻笑大方。恰当地使用称谓，是社交活动中的一种基本礼貌。称谓要表现尊敬、亲切和文雅，使双方心灵沟通，感情融洽，缩短彼此距离。正确地掌握和运用称谓，是人际交往中不可缺少的礼仪因素。

　　（1）要以"敬称"尊人，以"谦称"抑己。

　　（2）初次见面不知对方情况，可先问对方"贵姓?"回答自己的姓氏要先说"免贵姓×"或"敝姓×"。

　　（3）称呼别人一般要"就高不就低"。通常以对方的职务、职称、职业、性别相称，比如：王局长、李教授、刘大夫、孙先生、于女士、张小姐、赵同志等。

　　（4）在交谈中，最常用的敬称是"您"。

　　（5）不要用对方不喜欢的称呼尊人。例如：称呼中老年人时，要"宁少勿老"，尤其在称呼海外来客时，一定不要用"老"字，不要称"××老太太"或"老张""老王"等，一般称呼他们"×先生"或"×女士"为好。

（6）在涉外场合，对配偶不宜称呼为"爱人"。

（7）在工作中要克服不称呼、替代称呼、绰号、称兄道弟等不文明的习惯。如"哎""胖子""哥们儿"等。

古代称谓礼仪

中国古代很多文明称呼，至今还被运用。如：将父母称为高堂、椿萱、双亲；称呼别人的父母为令尊、令堂；称别人兄妹为令兄、令妹；称别人儿女为令郎、令爱（令媛）；自称父母兄妹为家父、家严、家慈、家兄、舍妹；称别人庭院为府上、尊府；自称为寒舍、舍下、草堂。妻父俗称丈人，雅称为岳父、泰山。兄弟为昆仲、棠棣、手足。夫妻为伉俪、配偶、伴侣。妇女为巾帼；男子为须眉。老师为先生、夫子、恩师；学生为门生、受业。学堂为寒窗；同学又为同窗。

父母死后称呼上加"先"字，父死称先父、先严、先考；母死称先母、先慈、先妣；同辈人死后加"亡"字，如亡妻、亡兄、亡妹。夫妻一方亡故叫丧偶，夫死称妻为寡、孀；妻死称夫为鳏。

语言沟通
礼仪

"无礼"

天快黑时，一位年轻人急匆匆向一位锄地老年人问路。年轻人开口便呼："喂，老头儿，离客店还有多远？"老人回答道："五里。"结果这位年轻人跑了十里地也不见客店。年轻人非常恼火，想拨马回头去教训老人。但边走边想老人的话，猛然醒悟过来，"五里……无礼！"

于是，年轻人返身去找到老年人道歉。没想到老年人还等在耕地上，因为附近没有客店，他知道年轻人找不到客店还会返回的。老年人接受了年轻人的道歉后，留他在自家住宿，解了年轻人的燃眉之急。

二、见面问候的礼仪

（1）与人见面时，应先问候对方。一声亲切、礼貌的问候，如同一首动听的音乐，让人陶醉在每个跳动的音符之间。朋友同事之间，相互主动问候，就会营造出团结、和谐的氛围，让彼此每天都有一个好心情。问候时，要面带微笑，注视着对方的眼睛，点头说声"您好！"或"早上好！""晚上好！"。除非是很熟悉的人，一般不要问"吃了吗？""您要去哪里？""干什么去？"。

（2）如果你是员工，应主动问候上级，以表达你对领导的尊敬。

（3）如果你是领导，要主动问候下属，以表达对员工的关爱和尊重。

（4）问候不仅要用语言，而且要用"心灵"。

只有发自内心的热情问候，才能感染和打动对方，才会使你与领导、同事的关系更加融洽，使你与客户的关系更加亲近，使你与大家的关系更加和谐。

三、见面介绍的礼仪

"第一印象是黄金"。

介绍礼仪是礼仪中基本的、也是很重要的内容。介绍是人与人相互沟通的出发点，其最突出的作用，就是缩短人与人之间的距离。在社交或商务场合，如能正确地利用介绍，不仅可以扩大自己的交际圈，广交朋友，而且有助于我们进行必要的自我展示、自我宣传，并且替自己在人际交往中消除误会，减少麻烦。

在社交活动中，常常需要自我介绍和介绍他人。

（一）自我介绍（图4-1）

在社交活动中，如果想结识某个人或某些人，而又没有人引见，可以自己充当自己的介绍人，把自己介绍给对方。

会面礼仪

得体的自我介绍，会给初次见面的人留下美好的印象。自我介绍要注意三要素："我是谁""在哪里工作""从事什么职业"。在自我介绍之后，最好说一句"很高兴认识您""请多指教""请多关照"等。

图4-1　自我介绍

确定自我介绍的具体方式，要兼顾实际需要、所处场景，要具有鲜明的针对性，不要"千人一面"。自我介绍的方式有以下几种。

1. **工作式**

适用：工作场合。

内容：姓名＋单位及其部门＋职务或从事的具体工作等。

案例：您好，我叫张丽，是A大酒店的大堂经理。

2. **应酬式**

适用：公共场所、社交场所。

内容：姓名。

案例：您好，我叫张丽。

3. 交流式

适用：社交活动中，希望与交流对象进一步交流与沟通。

内容：姓名＋基本情况（工作、籍贯、学历、兴趣及与交往对象的某些熟人的关系等）。

案例：您好，我叫张丽，在 A 大酒店工作。我是小王的同学，是山东济宁人。

4. 问答式

适用：应试、应聘和公务交往。

内容：有问必答，问什么就答什么。

案例："张小姐在哪高就？""我在 A 大酒店工作。"

5. 礼仪式

适用：讲座、报告、演出、庆典、仪式等一些正规而隆重的场合。

内容：姓名＋单位＋职务＋谦辞（敬辞）。

案例：大家好！我是 A 大酒店的大堂经理张丽，很荣幸能与诸位分享我的工作心得。

【课堂活动】

请根据具体的场景介绍自己。

朋友聚会时，我会这样介绍自己：＿＿＿＿＿＿＿＿＿＿＿＿＿

邀请老师担任某项活动评委时，我会这样介绍自己：＿＿＿＿＿＿＿＿

作为新职员，我会这样推销我自己：＿＿＿＿＿＿＿＿＿＿＿＿

作为销售人员，我会这样介绍自己：＿＿＿＿＿＿＿＿＿＿＿

在学校礼堂演讲，我会这样介绍自己：＿＿＿＿＿＿＿＿＿＿＿

【礼仪小贴士】

如果介绍人在场，自我介绍会被认为是不礼貌的。如果你想认识某人，最好预先获得一些有关他的资料或情况，诸如姓名、特长及兴趣爱好，这样有助于接下来的融洽交谈。

【拓展阅读】

马三立的自我介绍

我叫马三立。三立，立起来，被人打倒；立起来，又被人打倒；最后，又立起来（但愿不要再被打倒）。我这个名字叫得不对；祸也因它，福也因它。

我今年 85 岁，体重 43 千克。明年 86 岁，体重 42.5 千克。

我很瘦，但没有病。从小到大，从大到老，体重没有超过 100 千克。

现在，我脚往后踢，可以踢到自己的屁股蛋儿，还能做几个"下蹲"。向前弯腰，还可以够着自己的脚。头发黑白各一半。牙好，还能吃黄瓜、生胡萝卜，别的老头、老太太很羡慕我。

我曾经在农村劳动。

其实，种田并非坏事，只是我肩不能担，手不能提。生产队长说：马三立，拉车不行，割麦也不行，挖沟更不行。要不，你到场上去，帮帮妇女干点什么，轰轰鸡什么的……

别说，我有时候也有点用。生产队开个大会，人总到不齐。队长在喇叭上宣布：

今晚开大会，会前由马三立说一段单口相声。立马，人就齐了。

（二）介绍他人

为他人作介绍时，应微笑并用眼神和手势示意。

（1）介绍的一般顺序是："尊者居后"，即尊者有优先知情权。要先把下级介绍给上级，先把男士介绍给女士，先把年轻的介绍给年长的，先把职务低的介绍给职务高的，先把主人介绍给客人，先把个人介绍给团体。然后，再反过来介绍。

（2）介绍的内容一般包括双方的姓名、身份、地位等。

（3）介绍团体时，一般要从高位向低位介绍。

（4）不管你是被介绍者还是听介绍者，都应面向对方微笑点头致意，并说声"您好！""幸会！"等。

（三）介绍常用语

（1）您好！很高兴见到您！我是宏达公司的总经理，我叫×××。

（2）对不起，打扰一下，我是×××。

（3）很抱歉，可以打扰一下吗？我是×××。

（4）两位好，请允许我自我介绍一下，我是×××。

（5）女士们，先生们，你们好！对不起，我来晚了，我是×××，是××公司的销售部经理，很高兴和大家见面。请多多关照！

（6）请允许我向您介绍……

（7）请让我来介绍一下……

（8）×××姐，您认识×××先生吗？

（9）小赵，来见见×××先生好吗？

（10）老王，这就是我常提到的小吴，这位是大名鼎鼎的老王。

（四）介绍者的姿势

（1）以标准姿势站立。

（2）右臂肘关节略屈并前伸，手心向上，五指并拢，手指指向被介绍者。

（3）眼睛看被介绍者的对方。

请设计具体情境，将你的一位同学介绍给你的老师。

我要介绍的同学是：_____

我设计的情境是：_____

我会这样介绍：_____

四、交换名片礼仪（图4-2）

名片是"第二张身份证"，名片的使用已经非常普及。交换名片时要遵守以下礼仪规范。

（1）交换名片一般在自我介绍或他人介绍之后。

（2）参加会议时，应该在会前或会后交换名片。在圆桌会议或宴会上，一般按顺时针方向发名片。

（3）名片上通常应印有姓名、单位、职务、地址、联系电话、电子邮箱等。名片上的职务、职衔不宜太多。

（4）递送名片时，要将名片的正面朝向对方，用双手捏住名片两侧，举到齐胸的高度递给对方，同时报上自己的姓名和所在单位，并可说"请多多关照"。平等关系也可用右手递送名片。

（5）接受名片时，要起身用双手接过名片，并道一声"谢谢"。平等关系也可用右手接受。

（6）接到名片后，要仔细看一下，然后妥善收好。千万不要在接过名片之后，一眼不看或漫不经心地丢在一旁。那样，是极不尊重对方的做法。

非语言沟通礼仪

图4-2 交换名片

在课堂内以三人为一组，练习递、接、收名片的正确姿势。

1. 人际吸引规律

学习和掌握人际吸引规律，有助于你在人际沟通中建立起良好的交往关系。

2. 仪表吸引

清爽的容貌、整洁的衣着打扮，会给对方留下良好的"第一印象"。

3. 邻近吸引

"远亲不如近邻"，空间距离越小，越容易相互吸引。聪明的人往往会更多地关心和赞美同事和邻居，以促进相互间的友好关系。

4. 相似吸引

"物以类聚，人以群分"，人们都喜欢与那些和自己的观念、情趣和文化水平相近的人交往。因此，主动表示与对方有某些相似之处更有利于沟通。

5. 互补吸引

一方往往会因需求和"短处"而产生敬仰和崇拜对方"长处"的心理，形成互补和依赖吸引。

6. 对等吸引

"敬人者，人恒敬之；爱人者，人恒爱之"。人们常常喜欢那些喜欢自己的人，尊敬那些尊敬自己的人。因此，要吸引对方，就要先尊重对方。

7. 个人品质吸引

个人品质修养是受到公众喜欢的最重要的因素。宽容大度、谦恭礼让的人格魅力是永恒的魅力，而那些自私自利、骄傲自满、粗俗无礼的人，永远都不会受欢迎。

【课后实训】

1. 请在宿舍里通过角色扮演，模拟与陌生人打招呼的情境，注意正确使用问候言辞。

2. 小王刚步入职场之时，受邀跟总经理一起参加一次新产品展销会。在当晚的酒会上，小王觉得这是一个认识朋友、推销自我的绝好机会，因此，他随身携带了很多名片，在酒会上向别人分发。结果，晚上回酒店后，总经理把他狠狠地批评了一通。

你能说说这是为什么吗？

任务 2　交际礼仪

【任务情境】

> 在名流集团举行的跨年酒会上，张力、小王、刘鹏三位大学同学相遇了，他们三人高兴地相互交叉握手，久久不放，热烈交谈。

一、握手礼（图4-3）

握手是当今世界上最通用的一种礼节。一般，在表示致意、亲近、友好、道别、祝贺、感谢、慰问时，行握手礼。握手的力量、姿势和时间的长短往往能够表达出对握手对象的不同礼遇和态度，显露自己的个性，给人留下不同印象，也可通过握手了解对方的个性，从而赢得交际的主动。

【思考一下】

这三位年轻人的握手方式是否妥当？

（1）行握手礼要强调"五到"，即：身到、笑到、手到、眼到、言到。握手时，两人相对站立，相距约一步，面带微笑，相互注视着对方的眼睛，上身稍向前倾，各自伸出右手，四指并拢，虎口相交，拇指张开下滑。向受礼者握手，上下轻摇一两下，微微点头并用语言致意"您好！""欢迎您！""再见！"等。

（2）握手的力度要视对方的情况而定，要用适宜的力度。

图4-3　男士之间的握手

（3）握手时，一般是用右手。除非是老友惊喜重逢或表达深切的谢意，或是晚辈对长辈表示敬意，否则，一般不用双手去握。

（4）职业女性与男性的握手姿势相同。一般情况下，男士与女士握手时，力度可稍小一点。女士若同意与男士握手，则可以先伸出手来。（图4-4）。

图 4-4　异性之间的握手

（5）与人握手时，要脱帽，军人、警察不用脱帽，应先行军礼后再握手。

（6）握手时，不宜把另一只手放在口袋里，不能戴着墨镜或手套与人握手，不能用湿手、脏手与人握手。如果手上有水，可向对方解释一下，并表示歉意。

（7）不要轻易拒绝与他人握手。

（8）多人同时握手时，注意不要交叉握手，也不宜隔着中间的人握手。在人较多的聚会场所，可只与主人和熟人握手，向其他人点头致意即可。

（9）当会议、会谈正在进行时，或在其他不宜走动、不宜交谈的场合，不必握手，可微笑、点头致意。

（10）握手的一般顺序是：尊者先伸手。即要等职位高者或女士、长辈先伸出手之后，职位低者、男士、晚辈再伸出手去呼应。如果您是一位尊者，主动伸手会更受尊重。同事、朋友、平辈见面，不分先后顺序，主动先伸手者则更礼貌。迎客时，主人先伸手，表示"欢迎"。告别时，客人先伸手，表示"再见"。宴会桌上，一般按顺时针方向依次握手。

【礼仪小贴士】

握手的八个禁忌

我们在行握手礼时应努力做到合乎规范，避免违反下述握手的禁忌。

（1）不要在握手时戴着手套或墨镜，只有女士在社交场合戴着薄纱手套握手，才是被允许的。

（2）不要在握手时另外一只手插在衣袋里或拿着东西。

（3）不要在握手时面无表情、不置一词或长篇大论、点头哈腰，过分客套。

（4）不要在握手时仅仅握住对方的手指尖，这样好像有意与对方保持距离。正确的做法，是握住整个手掌。即使对异性也应这样。

（5）不要在握手时把对方的手拉过来、推过去，或者上下左右一直抖动。

（6）不要拒绝握手，即使有手疾或汗湿、弄脏了，也要和对方说一下"对不起，我现在不方便"，以免造成不必要的误会。

二、其他会面礼

在国内外交往中，除握手之外，以下会面礼也十分常见。

（一）点头礼

点头礼又叫颔首礼，是日常工作和生活中最常用的礼节。例如：在见面问候或行握手礼的同时，要点头致意；在公共场合或马路上遇到熟人时，如果不必要或不方便交谈，可点头致意；在交谈时，为了表示您对对方的赞许，也可点头致意。

行点头礼时，不受时间、地点、对象的限制，站着、坐着、走着都可以。

点头礼的姿势是：双目注视着对方，微收下颌，面带微笑，将头轻向前下方点 30° ～ 45°。要注意，不要反复点头。

（二）举手礼

我们常见的举手礼有军人、警察的"军礼"，少先队员和社交场合常用的招手礼等。

通常在公共场合遇到较熟悉的人时，如果不便说话或不能分身，可以举起手并微笑点头致意。

在迎送客人时，如果彼此相距较远，可举起右手向对方招手致意，也称招手礼。行招手礼时，右臂向前方伸直，右手掌心向着对方，其他四指并齐、拇指叉开，轻轻向左右摆动一两下。手不要上下摆动，也不要在手部摆动时用手背朝向对方。

（三）鞠躬礼（图 4-5、图 4-6、图 4-7）

图 4-5　鞠躬礼 1

鞠躬礼是我国和其他许多国家的传统礼节。在下级向上级、学生向老师、晚辈向长辈表示敬意时，常常行鞠躬礼。商场、酒店和列车、飞机上的服务员、乘务员也多用鞠躬礼。在讲演之后和演员谢幕、举行婚礼、上台领奖或参加追悼会时，一般要行鞠躬礼。

鞠躬礼的正确姿势是：脱帽立正，男士双手应贴放在身体两侧裤线处，女士的双手下垂搭放在腹前，面带微笑（悲壮场合除外），以腰部为轴，头、肩、上身向前倾斜15°～45°，最多可达90°。下弯幅度越大，敬重程度越高。鞠躬的次数，喜庆的场合下，不要鞠躬三次。一般追悼活动时才用三鞠躬的礼仪。

图 4-6　鞠躬礼 2　　　　　　　　　　图 4-7　鞠躬礼 3

鞠躬时，要先注视对方的眼睛，然后随着上身前倾，目光从上向下移至地面。

起身时，动作要稳，不要过快，目光随身体起直而向上移动至对方的面部。

鞠躬时，要挺胸、收腹，腰以上部位前倾，保持背部相对平直。

（四）拥抱礼（图 4-8、图 4-9）

双方见面相对站立，各自张开双臂，表示要行拥抱礼，接着各自的右臂搭在对方的左肩背上，左臂沿对方的右肋向背后与右臂轻轻环抱对方，两人的头部及上身都向左相互拥抱，并用手轻拍对方的背，然后头部和上身再向各自的右侧拥抱，接着再向左……一般总共不超过三次。

拥抱礼在西方国家较熟悉的朋友之间比较流行，在我国运用得较少。在外事活动中，如果对方主动行拥抱礼，我们要积极配合，但一定要注意动作要规范，否则会使双方感到很尴尬。

 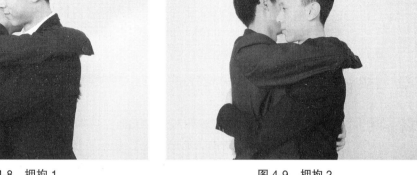

图 4-8　拥抱 1　　　　　　　　　图 4-9　拥抱 2

拥抱礼的禁忌：

1. 商务礼仪中，在行拥抱礼的时候，是不能抱住对方的腰的，一般恋人拥抱的时候才会抱腰。

2. 双手不要都搭在他人肩膀上。

3. 注意行拥抱礼的距离，距离太远，容易翘臀，不好看，也不优雅。

【礼仪小贴士】

（五）鼓掌礼（图 4-10）

在对别人表示赞赏、祝贺、欢迎、欢送时，常用鼓掌礼。

鼓掌礼的要领是：两臂抬起，目视受礼者，手掌放在齐胸高的位置，张开左掌，用合拢的右手四指轻拍左手掌中部。动作要文雅、自然，不应过分猛烈，并要随众而止。看体育比赛时，不可忘形失态。

（六）合十礼（图 4-11）

合十礼又称合掌礼。行合掌礼时，左右合掌，十指并拢，置于胸前，微微低头，神情安详、严肃。对长者行礼时，双手举得越高越有礼，但手指尖不要超过额头。平辈之间行礼，一般举到鼻尖高度。长辈对小辈举到

图 4-10　鼓掌礼　　　　　　　　　图 4-11　合十礼

胸前即可。

在社会交往中，除了上述礼节，在不同场合，还有很多其他礼节，如起立礼、拱手礼（图4-12）、鸣炮礼、叩指礼、注目礼、欠身礼等。

在工作和生活中，千万不要因为麻烦而轻易放弃这些礼节，因为有礼貌的人总是受人欢迎的，而处处受欢迎的人，工作和生活将是顺利的。

【课堂活动】 在课堂内以三人为一组，请同学站起来练习握手的正确姿势。

【课后实训】 1. 在社交场合中，两对夫妻见面，该如何握手致意呢？

2. 在一次产品供需见面会上，业务员张丽（女）见到了一直有联系的某集团销售部于经理，于经理四十余岁，男士。请问他们见面该如何握手致意？

图 4-12 拱手礼

任务 3 交谈礼仪

【任务情境】

> 小王是一位刚刚参加工作的秘书，一次奉命接待一名公司的客户。客户来到公司，小王看见了，上来就说："陈先生，我们经理让你上楼去。"这位陈先生一听，心想：我又不是你的下属，凭什么让我上楼去我就上楼去，哪有这样做生意的？一气之下就对小王说："你们要想做生意，自己来找我，我回宾馆了。"

在造就一个有修养的人的教育中，有一种训练必不可少，那就是优美、高雅的谈吐。

常言道："良言一句三冬暖，恶语伤人六月寒。""酒逢知己千杯少，话不投机半句多。"对于公务员、商务人员和服务人员来说，有声语言的感染力、吸引力和说服力尤为重要。因此，掌握交谈技巧，学会文明谈吐，是提升形象、成就事业的重要环节。

交谈时，要面带微笑，礼貌地注视着对方，态度要真诚礼貌，表情要自然大方，语气要谦恭亲切，声音要轻柔温和，姿势要高雅规范。

一、日常交谈的语言要求

（一）称谓要准确、恰当

与他人沟通时选择什么称呼，一要看对方的身份，二要看双方的关系。

与人交往，不用称谓是极不礼貌的；称谓用得不对，也同样让人不愉快。所以与人交谈一定要准确、恰当地称呼对方。

在正式的人际交往中，常采用的是职务称呼或者职业称呼。例如："王部长""张局长""李医生""刘律师"等。

如果不清楚对方的具体职务或职业，应以"同志""先生""老师"等相称为好。

（二）表述要具体、准确

在交谈中，要使对方能正确理解自己的话语，达到良好的沟通效果，表达的意思就要准确无误。如果在交谈时词不达意、前言不搭后语、毫无逻辑，就很容易被人误解，达不到沟通的目的。

在与人交谈沟通前必须明确"为什么沟通""想表达什么""沟通的目的是什么"，要把思路整理清楚。交谈中应尽量做到吐字清晰、言简意赅，

【礼仪小贴士】

【思考一下】
1. 客户为什么回宾馆了？
2. 我们在与人见面交谈时应该要注意哪些交谈礼仪？

避免使用似是而非、模棱两可的语言。

例如，"请你抓紧时间把资料准备好"，这句话就不够具体。如果说"请你在下午五点之前，把明天开会用的资料准备好"，这样的表述就很明确。

（三）多用礼貌用语

礼貌是对他人尊重、宽容、谦让的行为。在交谈过程中，要注意多用礼貌用语，让对方从内心深处感受到你对他的尊重。

【课堂活动】

最常用的礼貌用语是下列十个字。请创设具体的情境，邀请同学一起参与练习。

问候语——您好！

请求语——请！

感谢语——谢谢！

抱歉语——对不起！

道别语——再见！

礼貌用语虽然简单，但不是每个人都能经常挂在嘴边的。俗话说"礼多人不怪"，我们在工作和生活中，多注意礼节，多用礼貌用语，对工作、对个人、对他人都不无好处。

对于你来说，多一份礼貌，就可能多一份成功。如果你能养成礼貌待人的好习惯，无论对谁说话，都不吝啬一句"对不起"和"谢谢"，那么，你在人生的道路上，必然会得到更多人的尊重和帮助。

礼 【知识窗】

常用敬语与谦语：

初次见面说"久仰"，分别重逢说"久违"；

迎接客人说"欢迎"，宾客来至说"光临"；

没能迎接说"失迎"，与人相见说"您好"；

问人姓氏说"贵姓"，客人入座说"请坐"；

请人批评说"指教"，求人帮助说"劳驾"；

求人方便说"借光"，麻烦别人说"打扰"；

向人祝贺说"恭喜"，求人解答说"请问"；

请人看稿称"阅示"，请人改稿说"斧正"；

请人指点用"赐教"，托人办事用"拜托"；

赞人见解用"高见"，得人帮助说"谢谢"；

无法满足说"抱歉"，请人谅解说"包涵"；

请人赴约说"赏光"，看望别人用"拜访"；

陪伴朋友用"奉陪"，中途先走用"失陪"；

问人住址说"府上"，自己住家说"寒舍"；

希望照顾说"关照"，表达感激用"多谢"；

身体不适说"欠安"，祝人健康说"保重"；

请人接受说"笑纳"，归还原主叫"奉还"；

需要考虑说"斟酌"，言行不妥说"对不起"；

等候客人用"恭候"，送人远行说"平安"；

起身作别称"告辞"，出门送客说"慢走"；

请人勿送叫"留步"，与客道别说"再见"。

（四）语言要委婉、谦逊

交谈是一门艺术，同样的内容，可以有多种表达方式，有的容易让人接受，有的让人听了就心生反感。我们在与人交谈沟通的时候要掌握分寸，不该说的话就不说。

在交谈时可多采用先肯定再否定的表达方式。"我非常赞成你的观点，让我们从另一个角度来探讨……"这样的语句如果放在批评和提意见的谈话中，就显得委婉，也容易让人接受。

多用协商的口吻，多用"你"，少用"我"。例如："你看这样是不是可以呢？""你看这样好吗？"等。

切忌把与人交谈当成辩论赛，要牢记沟通的目的，克服逞强心理。

二、交际距离

一般情况下，不同对象交往时，交往的空间距离有所不同：陌生男女之间＞男子之间＞女子之间＞亲密男女之间。

在交往时，除了在电梯、公交车、地铁等特殊场合，双方应保持适当的距离。

（一）亲密距离

45 厘米以内，伸手可摸到对方的身体。一般是知心朋友、恋人、夫妻、父母与子女之间的距离。

（二）私人距离

45 ～ 120 厘米，伸手可握到对方的手。一般是亲属、朋友之间的交往距离。

（三）服务距离

50 ～ 150 厘米，是服务员与服务对象之间的距离。

（四）社交距离

120 ～ 360 厘米，是较正式的交往距离。我们与同事在办公室工作时，一般要保持这个距离。

（五）引导距离

在客人左前方 150 厘米左右。

（六）待命距离

在客人 300 厘米之外等候传唤的距离。

（七）公共距离

大于 360 厘米，适合演讲、大会讲话。

在工作中，异性之间谈话时，不仅要保持距离，还应注意不要把门关得很紧，以免引起误会。

三、交谈的声音

谈话的声音要轻，以对方能听得见为宜。

在公共场所，高声讲话、放声大笑会干扰在场的其他人，是对别人不礼貌的行为。

许多人在旅游时，常常因为说话声音太大，而引来他人诧异的目光。

如果细心观察就可以发现，越是层次高的人，说话的声音越轻柔，听起来既亲切温和，又悦耳动听。而那些习惯用高音或尖声音讲话的人，往往给人一种粗俗和不成熟的感觉。

四、适度表现幽默

交谈过程中也许会出现不和谐的地方。此时，交谈者随机应变、适度幽默则可以增强语言的感染力，从而化解尴尬局面。

【拓展阅读】

中国古人的"姓""名""字""号"各有其内涵。姓表示自己出生的部族。上古时期的姓多有女字旁，如"姓"字本身，再如姜、姬和姒等姓是母系氏族社会"从母之姓"被留下的证明。古代男子有名有字，合称名字。名一般是出生后由长辈所命，字是冠礼后所取。一般名和字意义相同或相近，如岳飞，字鹏举，名和字的意思相关联，"鹏举"是大鹏展翅高飞的意思。也有名与字相反，如曾点，字皙。所谓"点"，小黑也，然而"皙"，人色白也。此外古人往往喜欢取号。古人取号，以表个人的志向、情趣和爱好。如欧阳修自号"醉翁"，因"家藏书一万卷，集录三代以来金石遗文一千卷，有琴一张，有棋局，常置酒一壶，以吾一翁"，遂更号"六一居士"。

五、多赞美对方

世界上每个人都喜欢听赞美的话，却没有一个人喜欢听讽刺挖苦、批评指责的话。

真诚的赞美，会使对方的心理上产生愉悦感，从而更加喜欢你、尊重你。同时，还会使你在欣赏对方优点的过程中，慢慢地学会改变自己、提升自己。

因此，在交谈时，应多肯定和称赞对方的优点。"予人玫瑰，手留余香"。

【课堂活动】

请创设具体的情境，邀请同学一起参与练习。

"王女士，您的气质真好！"

"刘阿姨，您家的宝宝长得真可爱！"

"张先生，您的普通话讲得真好！"

"李老师，您的知识真渊博！"

"杨总，您这么关心员工，真让人敬佩！"

六、交谈时应注意的问题（图4-13）

（1）交谈时，坐姿、手势要规范，表情要自然；

（2）注意言谈禁忌，不讲对方忌讳和不喜欢的话；

（3）谈话内容务必符合国家法律、政策；

（4）不非议国家、政府和党，不涉及机密；

（5）客人之间交谈时，不旁听，不随便插话；

图 4-13　交谈

（6）不说官话、假话、空话、闲话、粗话、脏话、怪话、牢骚话和庸俗无聊的话；

（7）如有急事需离开或要接电话，应向客人致歉；

（8）不出言不逊，不恶语伤人；

（9）不道人之短，少说己之长；

（10）口为祸福之门，话要经一番考虑再说；

（11）不乱表态、乱承诺；

（12）表达要留有余地，不要把问题绝对化，以免使自己失去回旋、挽回的余地；

（13）口里嚼着口香糖或含着食物与人说话，既不尊重别人，又损坏自己的形象；

（14）男士与女士谈话时，要注意谦让，开玩笑要适度，争论问题要有节制；

（15）众人一起交谈时，不宜用耳语或别人听不懂的语言交谈，以免让其他人感到你不信任或不尊重他。

【知识窗】

讲话要注意"四避""八戒":

四避:避粗鲁、避刻薄、避隐私、避忌讳。

八戒:戒没完没了，啰嗦重复；

戒信口开河，没有中心；

戒打断话头，抢人上风；

戒精力分散，东张西望；

戒自吹自擂，狂妄自大；

戒耻笑缺陷，侮辱人格；

戒议论他人，挑拨离间；

戒轻下结论，自以为是。

七、倾听的技巧（图4-14）

认真倾听别人讲话，是对讲话者的尊重，也是有礼貌、有修养的体现。

（一）多听

我们有两只耳朵，却只有一张嘴巴，我们要多听、少说，要"用十分钟的时间听，用十秒钟的时间讲"。

图 4-14 倾听

（二）会听

在倾听别人谈话时，应全神贯注，即耳到、眼到、心到，并通过目光的接触、微笑和赞许的点头、恰当的手势，向对方表示诚意和尊重，也可以用"嗯"或"是"等语言表示你在认真倾听。

认真倾听，也是接收信息、了解对方，并为自己的发言准备内容的过程。

倾听时，不可心不在焉地东张西望，低头看电脑，看手机短信，沉默不语或不耐烦地跷腿、搔首、摇头、看手表等。

不要随意打断、补充、更正别人的谈话，或反驳对方的观点。

当你还没有听完或还没有听明白对方谈话的意思时，不要轻易表态或下结论。

在公务交谈中，应在适当时机给予恰当的回应或发问，但要注意技巧。

八、日常交谈的技巧

（一）选择适当的话题

1. 既定话题

既定话题指的是交谈双方事前已经约定好的话题。它适合于正式交谈，如商务接洽、问题讨论、工作探讨、征求意见等。如果交谈有既定话题，一定要记得在交谈中要围绕主题进行，要就事论事，切勿脱离主题。

2. 高雅的话题

选择内容文明、格调高雅的话题。高雅的话题指的是主题内容文明优雅、格调高尚脱俗的话题。如文学、艺术、哲学、历史、地理、建筑等，这类话题适合各类交谈，也能够体现自己的见识、阅历、修养和品位。但要注意选择双方都感兴趣的内容，忌不懂装懂。

3. 轻松愉快的话题

轻松愉快的话题是指谈论的主题是一些令人轻松愉快、不觉劳累厌烦的话题。交谈允许各抒己见，任意发挥。这类话题主要包括文艺演出、流行、时装、美容美发、体育比赛、电影电视、休闲娱乐、旅游观光、名胜古迹、风土人情、名人轶事、烹饪小吃、天气状况等。

4. 对方喜欢的话题

选择对方感兴趣的话题。如：年轻人对足球、通俗歌曲、电影电视的话题有较多的关注，而老年人对健身运动、饮食文化之类的话题较为熟悉；公职人员关注的多是时事政治、国家大事，而普通民众则更关注家庭生活；男性多关心事业、个人专业，而女性对家庭、物价、孩子、化妆、衣料等更容易津津乐道。

5. 流行、时尚的话题

流行、时尚的话题是指以当今正在流行的事物作为谈论的中心。如果不能确定对方的兴趣、爱好、特长是什么，那么不妨选择这种话题。如：国内外重大事件、网络、房价等，都是可以选择的话题，这些适合各种形式的交谈。

（二）运用恰当的体态语言

【拓展阅读】

　　意大利悲剧演员罗西有一次应邀为外宾表演，他在台上用意大利语念了一段台词，尽管外宾听不懂他念的是什么内容，但却为他那满脸辛酸和凄凉的语音、声调、表情所感染，大家禁不住泪如泉涌。当罗西表演结束后，翻译解释说，刚才罗西念的根本不是什么台词，而是大家面前桌子上的菜单。

体态是一种无声的语言，交谈中的体态变化，可以折射出心理状态的变化。所以，交谈中除了要注意自己的语言，还要注意自己表情的变化，以及坐姿、站姿及手势的变化等。其中，面部的微笑尤其重要。对人微笑，能体现出我们的热情、修养和魅力，也容易使我们得到他人的信任和尊重。

（三）不要随意打断对方的谈话

不随意打断对方的谈话，是对对方的尊重。如果确实有没听清楚或不理解的地方，要等对方的话告一段落后再插话。如"不好意思，打断一下，刚才您的话是不是这个意思……"。说完之后，请对方接着说下去。

切勿在对方谈话的时候突兀地打断他人的谈话，这是非常不礼貌的行为，也会让对方感到不被尊重与重视。

（四）礼貌地加入他人的谈话

如果想加入他人的谈话，就要先征得他人的同意，在得到他人的允许后再加入。如"不好意思，打扰了，看你们聊得很热闹，请问我能参加吗？"千万不要毫无声响地站到别人身旁，这样既没有礼貌，又会有偷听的嫌疑。

（五）顾及在场的所有人

交谈的对象不止一个人的时候，交谈时不要只对着主宾或自己的熟人说话，而不顾及在场的其他人。虽然交谈有主有次，但也不应该冷落了在场的其他人。要常用眼神与其他人进行交流，最好能选择一个大家都感兴趣的话题，让每个人都能发表自己的意见。

【课堂活动】　设想你分别与一位老人、一名初中生、一位三十岁左右的女士进行交谈，你将如何选择交谈的话题？

图 4-15　演讲

九、演讲礼仪（图 4-15）

演讲主要包括公众演讲、大会演讲、贺词慰问、竞职演讲、营销演讲等。了解并遵守演讲礼仪的原则会帮助你演讲成功。

（1）开场白一般有提纲式、提问式、即兴发挥式等。最能引起听众兴趣的是与演讲内容有关的故事。

（2）演讲前，要根据演讲的主题和场合装扮自己，仪容要整洁、大方，着装要庄重、得体。

（3）站姿要挺拔、稳重，手势要简洁、规范、得体，避免不雅的动作和重复、多余的手势。

（4）要用目光与听众沟通，不要不时地抬头或低头。可采用前视法（视线落在最后一排听众的头顶）、环视法（环顾全场）或点视法（有重点地注视某些听众）与听众交流。

（5）恰当调节声音和语速，要声情并茂，以引起听众情感上的共鸣。

（6）如果演讲的时间较长，中间应安排休息或互动对话，或讲一些听众感兴趣的故事、案例等。

【课后实训】　1. **案例分析：杨小姐的问题出在哪里？**

一天，参加工作不久的杨小姐被派到外地出差。在卧铺车厢里，碰到一位来华旅游的外国姑娘。外国姑娘热情地向杨小姐打招呼，使杨小姐觉得不与人家寒暄几句实在显得不够友善，便用一口流利的英语，大大方方地与对方聊了起来。

交谈中，杨小姐有点没话找话地询问对方："你今年多大了？"外国姑娘答非所问地说："你猜猜看。"杨小姐自觉没趣，又问道："你这个年龄，一定结婚了吧?"更令杨小姐吃惊的是，对方居然转过头去，再也不理她了。一直到分手，两个人再也没说一句话。

2. 案例分析：下面这些案例给我们什么启示?

在山东省青岛市首届高职毕业生就业洽谈会上，一些大学生旁若无人地啃着烤地瓜，甚至一边吃一边和招聘者面谈，让招聘单位大为反感。对于这些不拘小节的学生，几家公司的招聘负责人都表示：吃零食看起来是小事，却反映了一个人的基本素质。那些不拘小节的学生，走上工作岗位后，往往好高骛远，不脚踏实地，做事令人不放心，所以招聘单位干脆放弃录用他们。

任务 4　电话、网络沟通礼仪

【任务情境】

> 山东某职业院校的学生小王要去应聘一家商贸公司的销售职位，他想通过招聘启事上的电话号码询问相关事项。

【思考一下】

在通话过程中应该遵循哪些礼仪？请模拟小王的通话过程。

一、电话礼仪——传递心灵的声音

在当今社会的公务活动中，打电话几乎是人们最常用、最方便、最简单的通信手段和交际方式。在日常工作中，公司的工作人员掌握一些接听电话的礼仪，让对方在你亲切的话语中心平气和地谈事情，对于通过电话进行自我推销，让顾客对公司产生良好的印象，会有很大的帮助。

打电话最基本的礼节是："您好"开头，"请"字在中间，用"谢谢"结尾。

一次愉快的电话沟通，就像一首美妙的歌曲，会让人的心情立刻变得明亮而愉悦。

当你微笑着对着话筒说话的时候，对方就好像见到了你那张亲切的脸。

如果你能经常用轻柔、悦耳的声音与客人交谈，那么你的声音魅力会让你在成功的路上，越走越顺畅。

（一）接听电话（图 4-16）

（1）当电话铃声响起时，应尽快准备好记录用的笔和本，铃响两声后及时接听电话。如果等到铃响三声后才拿起电话，应在向对方问候之后，说声"对不起"。

图 4-16　接听电话

（2）接电话时，应先问候，再自报家门。如"您好！我是 ×× "或
"您好！ ×× 单位"。

（3）接电话时，声音要轻柔温和，音量不要过大，应以对方能听清并
不影响他人为宜。

（4）接电话时，嘴里不要吃东西，不要对着话筒大口呼吸，也不要边
打电话边与身边的人说笑。

（5）如果有客人过来，不要只顾打电话而冷落了来人，可在接电话的
同时转向客人点头微笑致意，或用手势示意客人"请坐"，接完电话要赶
紧说声"对不起"。

（6）接到打错了的电话，也要礼貌地告诉对方拨错了号码。千万不要
抱怨或斥责对方。

（7）如果对方要找的人不在或不能接听电话，应向对方说声"抱歉"，
并向对方确认是否需要回话或留言。

（二）拨打电话（图 4-17）

（1）拨打公务电话，应选择上班的合适时间。拨打国际电话，要考虑
时差。

图 4-17 拨打电话

（2）如果没有特殊要求，不要在节假日及周末打电话打扰对方，也不
要在对方开会、开车或睡觉的时间打电话过去。

（3）先整理好电话内容，再拨电话。

（4）电话拨通后，应首先说声"您好"或"早上好"等，在确认对方
的单位或身份之后，再自报单位、姓名，并询问对方说话是否方便。

媒介沟通
礼仪

（5）如果要找其他人接电话，应客气地请求代为寻找，如"麻烦您叫
一下 ×× 接电话好吗？谢谢您了"。

（6）如果打错了电话，马上说一声"对不起，我打错电话了"。

（7）在通话过程中，要始终保持热情友好的态度、温和的语调，让对
方通过声音享受你对他的友善和尊重。

（8）认真倾听对方意见，不要打断，学会反复确认重点。

（9）礼貌道别。

（三）挂断电话

（1）通话结束时，一定要说声"谢谢""再见"。

（2）一般情况下，要等上级、长辈、客人先挂断电话。

（3）同级别之间的通话，一般由呼叫方先挂断电话。

（4）挂断电话时，一定要小心轻放，别让对方听到很响的搁机声。

（四）使用移动电话

（1）使用移动电话，应遵守公共秩序。在开会、听报告、上课、看表
演及举行各种正式仪式时或在图书馆、展览馆内，不宜接打电话，要将手
机调到无声状态。

（2）手机铃声的音量以不影响他人为宜。

（3）职业人士不宜使用异类彩铃或其他怪异的铃声。

（4）正在与人交谈时，一般不要接打电话。如实在需要接电话，应向对方说声"对不起"或"请原谅"。

（5）拨打或接听移动电话，应到不妨碍他人的场所。没有特殊情况，最好不要在电梯、餐厅、车厢等较闭塞的空间或候机厅、候车室等公共场所通话，以免影响他人，如果确实有必要通话，应尽量控制音量。

（6）使用移动电话，安全是第一位的，要注意遵守特殊场合对移动电话使用的规定，不得在驾驶汽车或乘坐飞机时使用，不可在加油站使用，以免发生事故。

【课堂活动】

请创设具体情境加以练习。

1. 您好！请问您是×××单位吗？

2. 您好！这里是×××公司×××部（室），请问您找谁？

3. 我是×××公司×××部（室）×××，请问怎样称呼您？

4. 我就是，请问您是哪一位？……请讲。

5. 请问您有什么事？（有什么能帮您？）

6. 您放心，我会尽力办好这件事。

7. 不用谢，这是我们应该做的。

8. 请帮我找×××同志。

9. ×××同志不在，我可以替您转告吗？（请您稍后再来电话好吗？）

10. 对不起，这类业务请您向×××部（室）咨询，他们的号码是……。（×××同志不是这个电话号码，他（她）的电话号码是……）

11. 对不起，这个问题……，请留下您的联系电话，我们会尽快给您答复好吗？

12. 对不起，我打错电话了。

13. 您打错号码了，我是×××公司×××部（室），……没关系。

14. 再见！

图4-18 发送电子邮件1

图4-19 发送电子邮件2

二、网络沟通讲礼仪（图4-18、图4-19）

在信息化时代，人们的工作和生活都离不开网络。在学习工作活动中，电子邮件已被广泛应用，微信、QQ已经成为工作、学习、生活中必不可少的沟通工具，所以网络沟通文明礼仪十分重要。

（一）电子邮件礼仪

1. 书写要规范

称呼、敬语、落款不可少，在主题栏写明主题，让收件人对来信的要旨一目了然。

2. 发送要慎重

按照法律规定，电子邮件也可以作为法律证据。所以在发送公务邮件时，千万要慎重，在发送前，一定要仔细检查邮件地址、内容（包括附件内容）是否准确。邮件一旦发出，就无法收回。

3. 要注意安全

发送邮件前，应使用杀毒软件对文件进行扫描杀毒，以免将"病毒"传染给对方。

4. 回复要及时

收到邮件后，应及时回复。

5. 要遵纪守法

不在公网上发送机密文件、内部资料，不发送有违法嫌疑的邮件。

（二）微信、QQ 沟通礼仪

1. 在主动添加好友时，应打招呼，简单备注个人介绍和添加理由。推荐好友时要事先打招呼。

2. 收到对方留言后，如果没有及时回复，需在方便的时候向对方解释原因，并表示歉意。

3. 发送信息前注意审核，避免歧义，确保意思表达准确；工作交流时，慎用表情符号。

4. 能文字，不语音，方便对方阅读；发语音或开启语音通话前，要询问对方是否方便。

5. 看对方朋友圈或空间时，应看清内容后再适当点赞或评论，不要随意点赞。

请模拟和老师请假、和老板咨询的通话过程。　　　　　　　【课后实训】

任务5 待客、拜访礼仪

【任务情境】

当来访客人走进某药业集团有限公司经理办公室时，王秘书正在办公桌前打印一份文件，他向客人点点头，并伸手示意请客人先坐下。10分钟后，他起身端茶水给客人，用电话联系好客人要找的部门，在办公桌前起身向客人道别，并目送其走出办公室。为此事，王秘书受到了办公室主任的批评。

【思考一下】

王秘书为什么受到了批评？接待客人应该遵守哪些礼仪？

一、待客礼仪——真诚热情礼为先

接待来访或前来办理公务、联系业务及消费的客人，是政府机关、企事业单位和窗口服务单位的一项重要任务。因此，有必要学好待客礼仪。

（一）待客"五S"（图4-20）

待客"五S"即站起来（stand up），注视对方（see），微笑（smile），回答问题（solution），服务（service）。养成"五S"待客习惯，热情、友善、耐心、诚恳地接待每一位客人，既是对来访者的尊重，也体现了接待者本人和接待者所在的团队良好的文明素养。

（1）有客人登门，应马上站起来，注视着对方，微笑、点头致意，主动说声"您好""欢迎""请进"。

（2）对于客人的问题，要给予及时、恰当的回应。

（3）如果正忙着接电话或处理事情，应用手势示意客人"请坐"，接完电话要向客人致歉。

（4）敬茶要用双手端送，茶水以八分满为宜（图4-21）。

（5）对支持你工作的客人说声"谢谢"，你在客人心里会留下更美好

图4-20 待客

图4-21 双手敬茶

的印象。

（6）对没能及时接待的来访者说一句"对不起，让您久等了"，会让对方的焦急心情得到一些安慰。

（二）热情"三到"

热情"三到"即眼到（注视着对方），口到（说到对方的心坎上），意到（从内心敬重对方）。

（1）接待客人时，态度要真诚，要礼貌地看着客人，发自内心地欢迎客人，微笑着向客人问候"您好""欢迎您"，但一般不要主动帮客人拿手提包。

（2）在与客人交谈时，不要时常看表，不要打扫卫生，不要只顾看电脑或短信而冷落了客人，如果要接电话，应先向客人说声"对不起"。

（3）客人要告辞时，应等客人先站起来之后，自己再站起来。等客人先伸出手之后，自己再注视着对方、微笑着伸手握别。

（4）送客时，要让客人走在前面，送至门口，然后彬彬有礼地注视着对方说声"再见"，目送客人离去。如乘电梯，应送至电梯口，等客人进入电梯后再挥手告别。

二、拜访礼仪——有事拜访守规矩

拜访是日常工作和生活中常用的交际礼节，是联络感情、增进友谊、拓展市场的有效交际形式。

拜访包括公务拜访和私人拜访。

公务拜访是指代表单位进行的拜访，包括请示汇报工作，检查布置工作，礼节性的访问、慰问，以及就有关事宜交换意见等。

私人拜访一般是指个人与亲友间的拜访。

君子不可以不学，见人不可以不饰。

——《论语》

【礼仪小贴士】

（一）拜访前做准备

1. 提前预约，让被访者有所准备

选择合适的拜访时间、地点。一般不要在对方工作繁忙或单位举行重大活动的时间或对方不方便的时间拜访，尽量避开吃饭的时间、节假日和周末。

2. 仪表修饰整洁、大方

如果要去对方的工作场所拜访，应穿得庄重、严谨一点。如果要去慰问老干部或走访群众，着装要简约、朴实一点。如果要到对方家里相见，可以穿得自然一点。

拜访礼仪

3. 随带其他访客要征求主人意见

在没有征得对方同意的情况下，不要带其他客人一起到对方办公室或家中。

除非特殊情况，不要带年幼的小孩子去拜访他人，以免给对方增添麻烦，更不应该在对方面前呵斥、责骂小孩子。

（二）拜访时守礼仪

（1）按时赴约是对被访者的尊重，如因特殊原因不能按时赴约，应及时告知对方，并表示歉意。

（2）进入对方办公室或住所之前，应先按门铃或轻轻敲门两三下，在对方应声允许后方可进入。

（3）鞋子、外套和雨具等，应放到主人指定的地方。

（4）见面后，应先注视着对方，微笑并点头问候："您好"或"早上好"等，并说声"打扰了"。

（5）如果室内有其他人，也要问候。

（6）随身带的公文包不宜放在主人的办公桌或会客室的桌子上，应该放在自己的脚边或身边。

（7）主人端上茶、水或水果时，应注视着主人，微笑、欠身或点头致意，并说声"谢谢"。

（8）未经主人同意，桌上的文件、信函不要看，室中之物不要动。

（9）未经主人引领，不要进入卧室或其他隐秘房间。

（10）遵守禁烟的规定，不随意吸烟。如果室内没放烟具，表明室内不允许吸烟。如果有烟具，也应在征得主人和其他人同意之后，方可吸烟。

（11）坐姿要端正，手势要规范，表情要自然。

（12）看望老人、病人时，动作要轻缓，并注意安静。

（13）慰问群众、走访客户，可从关心对方的角度，谈谈生活、拉拉家常，会让对方倍感亲切。

（三）拜访完适时告辞

登门造访，不宜久坐。礼节性的造访，一般以半小时为宜。有求于人的拜访，应在谈明来意后及时告辞。有新客登门，适时告辞。告辞时，应对主人的款待表示谢意。如有长辈在场，要先与长辈告辞。

出门后，主动伸手与主人握别，说声"再见"，并请主人"留步"。离开后，应先注视着主人后退两小步，再转身离去。转身时，一般要先转身后转头。

【课堂活动】

请创设情境模拟到医院看望病人的过程（注意时间、衣饰、仪态、交谈等方面的礼仪）。

请从拜访礼仪角度分析刘经理为什么失败。

　　星期一早晨，业务部刘经理约了李总九点钟见面，结果因为下雨迟到了。刘经理浑身被淋得湿漉漉的，上气不接下气地赶到了对方公司，对前台说："你们李总在吗？我与他有个约会。"前台冷冷地看了他一眼说："我们李总在等你，请跟我来。"刘经理拿着湿漉漉的雨伞和公文包进了李总办公室。穿着比刘经理正式许多的李总从办公桌后出来迎接他，并把前台接待又叫进来，让她把刘经理滴水的雨伞拿出去。两人握手时，刘经理随口说："我花了好大功夫才找到地方停车！"李总说："我们在楼后有公司专用停车场。"刘经理说："哦，我不知道。"刘经理随后拽过一把椅子坐在李总办公桌旁边，两只脚使劲地在地板上敲，想把脚上的泥土敲掉。然后一边从公文包拿资料一边说："哦，李总，非常高兴认识你。看来我们将会有很多时间合作，我有一些关于产品方面的主意想与您商讨。"李总停顿了一下，好像拿定了什么主意似的说："好吧，我想具体问题你还是与赵女士商量吧。我现在让她进来，你们两个可以开始聊了。"

礼貌比最高的智慧和一切学识都重要

项目五 职场礼仪

案例一

【案例赏析】

不知所措的小姜

在一次商务接待中，公司秘书小姜穿着得体的西装，代表总经理在饭店门口迎接来访的 A 公司总经理及夫人一行。一辆白色高级轿车向饭店驶来，司机熟练而准确地将车停靠在饭店豪华大转门的雨棚下。小姜看到后排坐着 A 公司总经理及总经理的儿子，前排副驾驶座上坐着一位身材较高的外国女士，是总经理的夫人。小姜上前一步，以优雅姿态和职业性动作，先为后排客人打开车门，做好护顶姿势，并目视客人，问候礼貌而亲切，动作麻利而规范，一气呵成。

关好车门后，小姜迅速走向前门，准备以同样的礼仪迎接那位夫人下车，但那位女士满脸不悦，使小姜十分茫然，不知所措。

职业礼仪
认知

案例二

如愿的刘佳

刘佳应聘某著名外资企业基层管理人员，这位外貌平平、学历不高的大学生，在与一些重点高校大学生同场竞聘时，经过三轮面试和笔试，终于获得了她所希望的职位。她是如何胜出的呢？原来刘佳在这家外企招聘广告刊出后，随即上网查找该公司的基本情况，全面了解该公司的产品种类、市场份额、竞争对手，并到本市的几个大商场调查该产品的销售情况，在充分把握该企业和该企业产品的基本情况后，刘佳请教了学院的专业教师，根据自己收集和调查的情况，构思了一份该公司产品如何扩展市场、增加市场占有率的建议书。在面试时，刘佳落落大方、礼貌而自信地回答着面试官提出的各种问题，同时，不失时机地提出了自己的调查结果和方案，给面试官留下了良好印象，不久，她就如愿进入该公司。

在现代职场上，每一个公司员工都必须与自己周围的人，包括上司、同事、客户、亲友等建立起稳固而又和谐的人际关系，只有这样，才能在职场上有所作为。如今，人们都在为掌握一门熟练的技艺而操劳，认为这是生存之本。殊不知，有很多人因不懂得待人接物的规则而在就业的竞争中败下阵来。职场礼仪是构筑良好人际关系、成就自我的最佳工具。

【启　示】

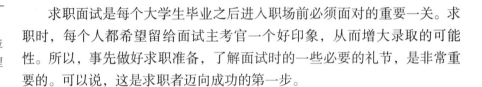

任务1 求职礼仪

【任务情境】

　　某大学金融专业学生李雷，毕业后，精心准备求职简历，投向不同公司，其中有家公司通知他参加面试。李雷很重视这次面试机会，但是他没有面试的经验，非常着急却不知道应该从哪些方面就此次面试进行准备。

【思考一下】

1. 面试前应做好哪些心理准备？

2. 如何准备面试材料？

3. 应如何准备个人简历？请为自己设计一份个人简历。

图 5-1　求职

　　求职面试是每个大学生毕业之后进入职场前必须面对的重要一关。求职时，每个人都希望留给面试主考官一个好印象，从而增大录取的可能性。所以，事先做好求职准备，了解面试时的一些必要的礼节，是非常重要的。可以说，这是求职者迈向成功的第一步。

一、求职准备工作（图 5-1）

（一）通过各种渠道搜集信息（图 5-2）

图 5-2　多种渠道搜集信息

　　求职经验告诉我们：一个人掌握的信息量越大，就越会处于有序、理智、主动的状态。对于大学毕业生来讲，谁掌握的求职信息量大，谁就把握了就业先机，就能在竞争激烈的就业市场中取胜。因此，求职前必须多渠道、全方位地搜集信息。除了了解国家政策及社会需求情况，最重要的信息是用人单位的有关情况，大致包括三个方面。

　　（1）用人单位的地域特点、行业特点、单位性质、规模、产品、效益、信誉、内部组织关系、机构设置、主要领导和部门负责人的情况。

　　（2）用人单位需要什么样的人，他们用人的标准、聘用程序，对年龄、性别、学历、专业、资历、技能证书的要求。

　　（3）所求职业的性质、特点、工作内容、工作环境、职业前途、工作待遇。

（二）认识自己，准确自我定位

认识自己，即分析自己的长处、兴趣、人生目标、就业倾向等。"知人者智，自知者明。"大学生可通过老师、辅导员及同学对自己的评价或实践中成功与失败的经验和教训来客观辩证地认识自己，既要充分发现自己的长处、优点，也要认清自己的短处与不足。

所谓自我定位，实际上是指在客观把握自身条件的前提下，依据一定的标准，确定出最适合本人的职业和职位。

测试：认识自我

请按照以下顺序组织内容，作一个完整的自我介绍。

1. 我是谁
2. 我最大的优点是什么
3. 我最大的限制是什么
4. 我最重视什么
5. 认识我的人对我的评价是什么
6. 我个人需要改进的是什么
7. 我最大的成就是什么
8. 我最大的期望是什么
9. 对我来说，人生是什么
10. 工作和事业，对我来说是什么
11. 回想过去三年
12. 展望未来三年

【课堂活动】

（三）物件准备

在面试材料的准备中，需要注意以下几个方面的礼仪要求。

1. 公文包（图 5-3）

求职时带上公文包会给人以专业人员的印象。公文包看上去要大方，男士最好使用深色包，以显稳重，女士可选择大小可以平整地放下 A4 纸大小的文件包。包内最好有可分隔的几个空间，便于分类存放你的求职材料，不至于在面试中当着面试官的面慌乱地翻找备用材料。

公文包式样简洁，跟服装相搭配，可带一个有拉链的文件包（图 5-4）装简历。不要有品牌标志，更不要带有广告字样的礼品包。

图 5-3　公文包

2. 笔记本

随身携带应聘笔记本以及书写流畅的水笔，可方便记录自己参加过的求职面试时间、公司名称、地址、联系人和联系方法等，但切忌在面试中记录面试官的话语或其他信息。

3. 求职材料

在双向选择过程中，大部分用人单位安排面试的依据是反映毕业生情

图 5-4　文件包

况的有关书面材料，通过这些书面材料来判断和评价毕业生的学习成绩、工作潜力。毕业生要成功地向用人单位推销自己，拟定具有说服力和吸引力的求职面试材料是成功的第一步。

面试材料包括毕业生就业推荐表，个人简历（图5-5），自荐信，学历证书，成绩单及各式证书（获奖证书和英语、计算机等各类技能等级证书）的原件和多份复印件（图5-6）（图5-7），已发表的文章、论文，取得的成果，多张一寸或两寸证件照，以备面试之需，这些是求职中必需、也最重要的材料。

图 5-5　个人简历

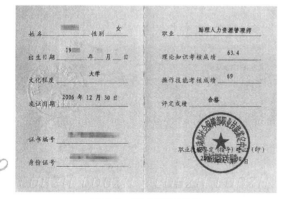

图 5-6　职业资格证书

图 5-7　荣誉证书

（四）心态礼仪准备

智商显示一个人做事的本领，情商反映一个人做人的本领。情商是决定成败的关键因素。情商大约主宰人生的80%，智商至多决定人生的20%。

随着我国社会主义市场经济体制的逐步建立与完善，许多企业的选人用人机制也在发生着重大变化——更加注重人才的情商水平。因此，情商之于就业是必不可少的，考一堆证书不如提升一下情商，懂得在就业中充分运用情商的人，必定能在事业上展现其非凡的一面。

【拓展阅读】

某集团合伙人谈到，他们曾为一家饮料公司招聘一名中层管理职位，当时为此职位面试了5人，其中4人的条件非常符合职位的要求。但最后只推荐了3人给企业，没有推荐的人选在初试的时候迟到了15分钟，接待的同事带他到会议室后给他倒了一杯水，他坐在那里非常坦然，没有解释。面试开始时双方打招呼后该应聘者只顺带说一句"工作太忙了"，没有道歉。"虽然该应聘者的背景和能力与其他三人相比，是最具竞争力的一个，但不推荐他的原因就在于他的情商不高。"这位合伙人说。

（资料来源：人民网，有改动）

1. 情商（EQ）的定义

情商是个体的重要生存能力，是一种发掘情感潜能、运用情感能力影响生活各个层面和人生未来的关键的品质因素。

2. 了解情商的内容，掌握"情商的五个维度"

（1）了解自我，就是监视自己情绪时时刻刻的变化，能够察觉某种情绪的出现，观察和审视自己内心世界的体验。了解自我是情商的核心。只有认识自己，了解自我，才能成为自己生活的主宰。

（2）自我管理，就是调控自己的情绪，使之适时适度地表现出来。换言之，就是能调控自己。

（3）自我激励，是指能够依据活动的某种目标，调动、指挥情绪的能力。自我激励，能使人走出生命中的低潮，重新出发。

（4）识别他人的情绪，就是能够通过细微的社会信号，敏感地感受到他人的需求与欲望，认知他人的情绪。识别他人的情绪，是与他人正常交往、实现顺利沟通的基础。

（5）有效处理人际关系，就是掌握好调控自己与他人的情绪反应的技巧。

3. 职业情商

职业情商，其实就是情商的五个维度在职场和工作中的具体表现。职业情商更侧重于对自己和他人的工作情绪的了解和把握，以及如何处理好职场中的人际关系，它的高低直接决定和影响着其他职业素质的发展，进而影响到整个职业生涯的发展。因此，职业情商是最重要的职业素质，提高职业情商是个人职业发展的关键。

4. 提升情商

大学生在面试的时候不光要重视自己的硬实力，同时还要注重自己的软实力，做到言行举止得体，同时在自己的生活和学习中也要培养自己的沟通表达能力，注意提升自身修养，提高自己的情商。

人与人之间的情商在先天上并无明显的差别，而更多的是与后天的培养密切相关。情商的培养能帮助你成为更好的自己。

测试：国际标准情商测试题

（1）学会积极主动（图5-8）。从大学的第一天开始就必须培养积极主动的心态，成为自己命运的主人，学会去管理自己的学业和计划自己的未来，没有人比你更在乎你未来想成为什么样的人。所以，在校期间要学会主动学习、主动思考，遇到问题积极主动地解决，而不是千方百计寻找借口，成功和借口永远不会住在同一个屋檐下。遇到问题习惯找借口的人永远不会成功。

图 5-8　学会积极主动

（2）培养友情。大学期间一定要交几个要好的朋友。大学的友情不容易变质，往往可以受益终生。大学生要注意在培养友情中提升自己与人交往的能力。

（3）学会控制情绪（图5-9）。人人都有情绪，我们的情绪会通过如何处理学习工作上的事情，如何与他人交往而表现出来，因此，情商对学习、工作、人际关系的影响就变得特别突出和直接。如果你不好好控制情绪，情绪就会对你产生不好的影响。

管理好自己的情绪的小技巧：发脾气前停10秒或深呼吸。

（4）培养团队合作意识（图5-10）。在职场上，最重要的是合作精神、沟通能力，因为在职场上，没有一个人是万能的，也不可能一个人能完成所有的工作，这就需要彼此合作、相互包容，来完成共同的工作目标。如果情商不高，我行我素，唯我独尊，则不可能通过跟同事良好合作来完成工作，也不利于自己的发展，更会影响组织氛围和工作效率。

在校期间要多争取实习、实践的机会。通过企业实习、社会服务等具

图 5-9　学会控制情绪

图 5-10 培养团队合作意识

体的实践活动，渐渐成为一个社会人，融入各式各样的团队，学习合作。除此之外，校园里的学生社团也是学习处理人际关系、学习合作的好地方。社团其实是一个微观的社会，参加社团是学生学习如何进入社会的一种非常好的方式。

【礼仪小贴士】

　　企业招聘时最看重的，是毕业生处理问题的方式和融入企业的速度。一个人情商的高低，将决定其能否胜任这个岗位。

　　"情商"写进招聘简章：善于与人沟通，表达能力强，乐于学习思考，敢于挑战高薪，工作有激情，有较强的团队合作意识，能吃苦耐劳。很多招聘企业都会将此类文字写入"招聘要求"中，可见企业对求职者的情商的要求越发重视。

　　情商高低决定去留：现在一些企业也越来越重视技术型人才的情商高低。

　　情商考察将成常态：国外流行的新面试方式——情商考察，在许多外企和大公司已成为常态，不少尖子生在情商测试上栽了跟头。

【知识窗】

未来社会有八种人易被淘汰：

第一种，知识陈旧的人；

第二种，技能单一的人；

第三种，反应迟钝的人；

第四种，不善于学习的人；

第五种，单打独斗的人；

第六种，心理脆弱的人；

第七种，情商低下的人；

第八种，目光短浅的人。

以上八种人就是容易被淘汰的人，你是不是也属于这些人呢？

（五）设计良好的个人形象

面试时"第一印象"在很大程度上左右着主考官对求职者的直观评判。所以，面试当天的穿着打扮是第一张名片，因为它会告诉招聘方：你是可以信任的并知晓礼仪；你的学历和能力是成正比的；你在意本身的形象，也会维护品牌的形象。

参加面试时，服装应大方得体。

1. 男生的着装

男生是否着西装应根据应聘的职业作出选择。如果去参加机关、事业单位或大公司，以及非常正式的投资咨询、顾问类的面试，最好穿西装或者套装；营销广告销售类的可着公务便装；技术类的，如程序员着便装即可（图 5-11）（图 5-12）。

发型要保持整齐并经常梳理。不染发、烫发。前不覆额、后不蔽领、侧不掩耳，这样给人的感觉就很干练、整洁

每天都要剃胡须，清洁面部

西装两粒扣只扣上面一粒；三粒扣扣上面两粒或中间一粒；双排扣西服，所有扣子应扣好

衬衫颜色应与西服协调，穿上之后把所有的纽扣扣好

领带长度以其下端正好抵达皮带扣上端为宜，并且注意与西服、衬衫的颜色相协调

图 5-11　男士西服礼仪

袜子颜色与皮鞋颜色协调

皮鞋擦亮，与西服的颜色协调

图 5-12　男士皮鞋礼仪

【礼仪小贴士】

有这样一句俗语："永远不要相信一个穿着破皮鞋和不擦皮鞋的人。"它实际上是说穿鞋者的品性和可信度就如同鞋的质量一样，告诫人们不要把业务交给不注重穿着的人管理。

所以，要穿黑色正装皮鞋，每天要擦皮鞋，不要穿沾满尘土的鞋。沾满了尘土的鞋让人怀疑你是否讲究卫生，是否勤快，由此联想到你是否在事业上勤奋、成功。

2. **女生的着装**（图5-13）

在面试场合中，西装套裙是标准着装，可塑造出能干而又不失优雅的形象，体现的关键词是"专业"。

发型得体，美观大方，最好能把头发束起来

面部着淡妆，不能浓妆艳抹、过于妖娆

职业外套不宜过紧，整体颜色搭配应协调

丝袜无破损，并与套装、皮鞋颜色统一，丝袜的长度应高于裙子的底部、丝袜以接近肤色为雅致

饰物佩戴不宜过于华贵、复杂；香水、护肤品味道不宜浓烈

鞋跟不宜过高、过细，夏日最好不要穿露出脚趾的凉鞋，更不宜将脚趾甲涂抹成红色或其他颜色

图5-13 女士服饰礼仪

【礼仪小贴士】

女生求职着装搭配及禁忌：

佩饰——点到为止，忌琳琅满目；

发型——简单干练，忌披头散发；

鞋帽——干净整洁，忌过分前卫；

皮包——款式简洁，忌五颜六色。

二、求职信和简历的设计

（一）写好求职信（自荐信）

一份成功的求职材料，其关键部分就是求职信。求职信一般附在求职材料的封面之后的首页，从某种程度上说，比面试还重要，因为它决定着你能否获得面试的机会。

1. 求职信应回答的内容

（1）你是谁？

（2）你怎么知道目标企业的？

（3）你要申请什么职位？

（4）你了解目标企业吗？

（5）你为什么适合这个职位？

（6）表明希望得到面试机会，注明你的联系方式。

2. 求职信的格式

求职信是一种介绍性、自我推荐的信件，它属于书信的范畴，所以其基本格式应当符合书信的一般要求：主要包括称呼、正文、结尾、署名、日期、附录共六方面的内容。

（1）称呼。求职信的称呼往往比一般书信的称呼正规一些，在实际书写时要区别对待：如果写给国家机关、事业单位的人事部门领导，则称呼"尊敬的××司长（处长、负责人等）"；如果对"三资"企业老板，则称呼"尊敬的××董事长（或总经理）先生"；如果给各类企业厂长经理写求职信，则可以称呼"尊敬的××厂长（或经理）"；如果写给大学校长或人事处长的求职信，则称呼"尊敬的××教授（或校长、老师等）"。但最好不要使用"敬启事""××前辈""××师傅"等不正规的称呼。当然有些自由体的求职信，也可以不要"称呼"部分。

（2）正文。这是求职信的中心部分，其形式多种多样，一般都要求说明求职信息来源、应聘岗位、本人基本情况、工作成绩等内容，主要是向对方说明自己有与工作（岗位）要求相符的知识、专业技术、特长、性格和能力，突出自己的主要成绩和优势，并表现出自己胜任该工作的信心。

在这一部分里，还可以说明自己对该用人单位的了解、认识和评价，给对方以恰如其分的赞扬，或者表明自己的工作态度、就职以后的打算等。

① 求职信息的来源及应聘岗位。这部分要写明你想申请的职位，以及你是如何知道该公司的招聘信息的。

示例：

A：获取贵公司＿＿＿＿年＿＿月＿＿日在我校公布的招聘＿＿＿＿（职位）的信息后，我寄上简历，敬请斟酌。

B：我希望应聘贵公司招聘的＿＿＿＿（职位），我很高兴地在招聘网站得知你们的招聘广告，我的专业是＿＿＿＿，一直期望着能有机会加盟贵公司。

② 本人的基本情况。这部分要阐明你能满足公司对人才的要求。所以，你必须写明你对单位或职位感兴趣的原因，以及你个人所特有的、可以为公司作贡献的教育、技能和个人有价值的背景情况。

示例：我勤奋努力，有较强的组织能力，并且善于协调处理好人际关系，我非常愿意把我在工作中已有的实践经验和我的责任心与热情贡献于贵公司。

③ 面试请求。这在正文的最后一段，委婉地向招聘单位提出面试的请求。你需要写明你对招聘单位的希望，说明招聘单位"何时""何地""怎样"与你联系，当然，联系方法越简单越好。

示例：如果您能在百忙之中回复我，给我面试的机会，我将不胜荣幸。我的联系电话是＿＿＿＿（写明你的电话号码，且最好是能直接联系到你的手机号码）。

（3）结尾。一般应写明：希望对方给予答复，并盼望能有机会参加面试；写上简短的表示敬意、祝愿之类的祝词，如"祝贵公司兴旺发达""顺颂安康""深表谢意"等，也可以用"此致敬礼"之类的通用词。

（4）署名。求职人：×××，或者应聘人：×××，也可以直接签上自己的名字。

（5）日期。一般写在署名右下方，用阿拉伯数字把年、月、日写全。

（6）附录。求职信一般都要求同时寄一些有效证件，如学历证、学位证、职称证、身份证、工作证（求职证）、获奖证书、户口本等材料的复印件以及简历、近期照片等，因此，你最好在正文左下方一一注明。这样做，一是方便招聘单位审核，二是给对方留下一个"有条不紊、很负责任、办事周到"的好印象。

【拓展阅读】

求职信范例

××车业有限公司人事部领导：

您好！

我是××职业学院汽车运用与维修专业20××届毕业生，从《人才市场报》上看到了贵公司的招聘启事，特申请贵公司销售部营销员一职。

我校是全国××技术人才重要培养基地，师资力量雄厚，并以获全国技术技能竞赛的奖励最多的学校著称，××系××专业是我校的品牌专业之一。在这样的学习环境下，无论是在知识技能方面，还是在个人修养方面，我都受益匪浅。

在校期间，我主修了汽车构造、汽车维修、工艺规程编制及工装设计、工业企业管理、营销学和计算机应用等课程，成绩一直名列前三。已取得汽车中级修理工技术等级证、汽车驾驶执照和计算机操作等级证。在努力学习专业知识的同时，我积极参加社会活动和第二课堂活动，担任团支书记，担任校广播电台播音员和编辑，多次担任校文艺晚会节目主持人，曾获得校演讲比赛一等奖。连续四次被学校评为优秀学生干部。20××年10月，我光荣地加入了中国共产党。

我踏实勤奋，责任感强，性格开朗，善交朋友，有良好的人际关系。去年暑假，我在××机电市场实习，从事汽车销售工作，表现较佳。现已在×××维修中心毕业实习了9周，对汽车维修有一定的经验。以上单位的实习鉴定能证明我实习的表现。

贵公司是我省轿车销售和维修行业的佼佼者，我仰慕已久。如能到贵公司从事汽车营销工作，我将非常荣幸。我相信我一定能爱岗敬业，竭尽所能，为贵公司的发展贡献所长。我愿接受贵公司的考察。

联系地址：××省××市××区××路

邮编：××××××

电话：×××××××××××

致以友好的问候！

求职者：×××

敬上

20××年××月××日

附件：

（1）汽车中级修理工等级证、驾驶证、计算机操作等级证（三级）和实习鉴定；

（2）优秀学生干部证书、演讲比赛和征文评比获奖证书；

（3）个人简历。

（二）简历

个人简历是自己生活、学习、工作、经历、成绩的概括集锦。个人简历的真正目的是为了让用人单位全面了解自己，从而为自己创造面试的机会，最终达到就业的目的。

1. 个人简历的形式

个人简历一般有三种形式：表格式、时间顺序式、学习工作经历式。表格式是用表格的形式列出自己的基本情况和学习、工作的经历，使人一目了然。时间顺序式是按年月顺序，列出自己的学习、工作经历，条理清楚。学习工作经历式是根据需要有选择地列出自己的学习、工作经历，充分表现自己的技能、品德。对于即将毕业的大学生来说，采用表格式和时间顺序式最好。不管何种形式，简历的篇幅都要控制在一页。

个人简历一般应包括以下几个方面的内容：基本信息、求职意向、曾获奖项、所学课程、教育经历、工作或实习、实践经历、自我评价几个方面。

【礼仪小贴士】

简历要呈现的内容

在简历中，你要告诉招聘者以下几个方面的问题。

1. 你是谁？

2. 你想干什么？

3. 你能干什么？

（1）基本信息。姓名、性别、出生年月、籍贯、政治面貌、婚姻状况、身体状况、兴趣爱好、性格，以及自己的联系方式等。

特长、兴趣爱好与性格是指你拥有的技能，能够展示你的品德、修养、社交能力及团队精神，它与工作性质关系密切，所以用词要贴切。

（2）求职意向。工作地点、工作性质、职业目标、期望行业、期望薪资等。

（3）曾获奖项。包括三好学生、优秀团员、优秀学生干部及奖学金、比赛奖项、所获资质等方面所获的荣誉。

（4）所学课程。毕业学校、所学专业、学位、大学课程，以及参加校外培训的课程、主要课程成绩、外语、计算机掌握的程度。

（5）本人经历。大学以来的简单经历，主要是学习和担任社会工作的经历等，包括勤工助学经历。

（6）自我评价。总结大学阶段的表现，并由班主任或学院主管领导填写意见。

2. 编写个人简历应注意的问题

（1）简历与自荐信不同，简历是叙述求职者的客观情况，而自荐信则主要反映求职者的主观情况和求职意向。从某种意义上说，自荐信是对个人简历的必要说明和补充。

（2）求职简历不同于工作简历。一般的工作简历只是个人的一份历史记录，仅仅反映自己曾经做过什么。而求职简历，不仅要反映自己能做什么，做过什么，还要反映做得如何，具备了哪些素质和能力，从而给用人单位一个深刻的印象。

（3）"一份简历打天下"是不可取的，要以用人单位的岗位为中心，分别撰写侧重点不同的简历。

3. 简历的设计原则

（1）自我展示要有针对性。简历需要有针对性，所谓有的放矢即是如此。不同的公司或岗位需要不同面貌的简历来应对，每一份简历都有自己的特点，也会有针对某特定公司与岗位的文字。

只有根据所应聘的岗位要求来写自己的优势，即对症下药，才能事半功倍。

（2）自身的优点要突出。简历是自我推销的一个工具。在拟写简历的时候，要针对每一个招聘单位的特点和要求，突出自己相应的优点、能力与特长，譬如说，你一直担任学校或系院的学生干部，有很强的协调组织能力，只要反映在简历上，就能成为增加你简历分量的一个筹码。

（3）内容表达要简洁大方。个人求职简历能否吸引他人的眼球，不在于篇幅的长短、辞藻的华丽，简单而大方的简历更有效。因此，我们在做简历时，可以将自己认为重要的信息全部浓缩到第一页上，然后把认为次要的信息，诸如每学期成绩单，获奖证书复印件等信息都当作附件。这样的简历主考官只看一页就清楚了，主次分明，非常有效，主考官如果感兴趣，可以继续看附件里的文件。

简历中不应该有错误，所以应该尽可能地在寄出简历之前，一个字一个字地检查一遍，标点符号也不能落下。否则会被认为是一个粗心的人，在激烈的竞争中就可能被淘汰。

【课后实训】 下面是某公司的招聘广告，请每位同学根据招聘广告，为自己撰写一封求职信。

A公司招聘信息

岗位：销售助理

招聘人数：3人

岗位要求：

（1）大专及以上学历，药学类相关专业优先；

（2）熟练使用办公软件编写产品文档、产品演示稿；

（3）良好的沟通、协调能力，表达能力强，突出的执行能力；

（4）良好的职业素质和敬业精神。

岗位职责：

（1）负责公司销售合同及其他营销文件资料的管理、归类、整理、建档和保管工作。

（2）负责各类销售指标的月度、季度、年度统计报表和报告的制作、编写，并随时答复领导对销售动态情况的质询。

（3）负责收集、整理、归纳市场行情、价格，以及新产品、替代品、客源等信息资料。

（4）协助销售人员做好上门客户的接待和电话来访工作；在销售人员缺席时，及时转告客户信息，并妥善处理。

工作地点：××××

薪资福利：固定工资＋五险一金＋节日补贴＋法定节假日。

任务 2　面试礼仪

【任务情境】

　　米琳早就听别人说就业不容易，所以毕业前就投了很多简历，但都石沉大海，没有结果。后来好不容易盼来两次面试机会，可是都出了问题。自己明明感觉不错，就是没通过。她通过咨询，才知道这里面有很多学问，于是在做了职业生涯规划之后又参加了面试辅导，从头到尾对面试前、面试过程、面试之后的所有要求、做法和问题作了全方位辅导，又针对专业和职位进行了场景训练。再次面试时她心中有了底，心态也非常好，信心十足，面带微笑，语气和缓，应对自如，不但顺利通过了面试，还得到了面试官赞许的眼光和点头。米琳高兴极了，因为她终于用专业求职者的姿态，在众多竞争者中脱颖而出，进入一家著名的外资公司，找到了合适自己的工作。

一、面试中的礼仪（图 5-14）

（一）守时守信最基本

　　守时守信是面试的基本礼节，也是今后走进工作岗位的职业道德要求。一般情况下求职者提前 10 ～ 15 分钟到达面试地点效果最佳，这样不但可以提前熟悉公司环境，还可以稳定自己的情绪。迟到或违约都是不尊重主考官的一种表现，是不礼貌的行为，也会被视为缺乏自我管理和约束能力，即缺乏职业能力，给面试者留下非常不好的印象。如果你因客观原因需要改期面试，或不能如约按时到场，应事先打个电话通知主考官，以免对方久等。如果已经迟到，应主动陈述原因，宜简洁表明，如"对不起，路上堵车太厉害"，这些都是必备的礼仪。

【思考一下】

1. 米琳面试成功的原因是什么？有哪些方面值得我们借鉴？

2. 面试过程中，要注意的礼仪和细节是什么呢？

面试展示要领

图 5-14　面试

（二）放松心情表现佳

许多求职者一到面试点就会产生一种紧张心理，担心自己表现不佳，词不达意，出现差错，以致痛失良机。要克服这种紧张心理，首先要做好充分的准备，然后要放下思想负担，最后要控制自己的呼吸节奏，将注意力转移到当下，尽量达到最佳状态后再面对面试官。

（三）以礼相待人喜欢

求职者在面试过程中要以礼相待，注意入座、交谈、举止、握手等细节，恰当友好地表示礼貌，要始终不忘向接待人员、面试官说"您好""谢谢您""麻烦您""请"之类的客气话。面试时所要求的礼貌，是日常公事之中普通的待人仪态礼节，主要应在以下方面加以注意。

1. 敲门入室

求职者进入面试室的时候，应先敲门，即使面试室的门是虚掩的，也应先敲门，千万别冒冒失失地推门就进，给人鲁莽、无礼的感觉。

敲门时要注意敲门声音的大小和敲门的速度。正确的敲门方法是用右手的手指关节轻轻地敲三下，问一声"我可以进来吗"，待听到允许后再轻轻地推门进去。

2. 微笑示人（图 5-15）

求职者在踏入面试室的时候，应面露微笑，如果有多位考官，应面带微笑地环视一下，以眼神向所有人致意。

真诚、自然、由衷的微笑，可以展示一个人的风度、风采，有利于求职者塑造自己的形象，给人留下美好的印象。

3. 莫先伸手（图 5-16）

求职者进入面试室以后，有时需要行握手之礼，但行礼时应由主考官

图 5-15 微笑

图 5-16 握手

先伸手，然后求职者单手相应，以右手热情相握。若求职者拒绝或忽视了主考官的握手，则是失礼。若非主考官主动先伸手，求职者切勿贸然伸手与主考官握手。

4. 受邀入座

求职者要等主考官发出邀请后再入座。主考官叫求职者入座，求职者应该表示感谢，并坐在主考官指定的椅子上。如果椅子不舒适或正好面对阳光，求职者不得不眯着眼，那么最好主动提出来。

5. 自我介绍讲分寸

自我介绍讲究顺序原则，可根据实际的需要、所处的场合而定，要有鲜明的针对性。自我介绍应包括姓名、单位和来的主要目的等。如"我叫×××，是××××大学××学院××专业的学生，今天到贵公司来应聘行政秘书这一职位。"或"我叫×××，很高兴能够有机会到贵公司参加面试。"

6. 递物大方（图 5-17）

求职者求职时必须带上个人简历、证件、介绍信或推荐信，面试时一定要保证不用翻找就能迅速取出所有资料。如果需要送上这些资料，则要把资料的文字正面对着考官，双手奉上，说："这是我的相关材料，请您过目。"递物时要尽量表现得大方、得体和谦和。

7. 交谈的礼节

交谈是求职面试的核心。面试是与面试官交谈和回答面试官问题的过程，在这个过程中要做到"四要"。

一要口齿清晰、发音正确，使用普通话；讲话要言简意赅、通俗易懂。

二要注意掌握和控制音量、语速、语调。音量不宜过大，也不宜过小，以听者能听清为宜；一般情况下，语速以每分钟 120 个字左右为宜，要注意语句间的停顿，不要滔滔不绝而让人应接不暇；语调是表达人的真情实感的重要元素，要通过语调表现出你的坚定、自信和放松。

三要注意谈话礼貌，不要打断对方的讲话，要集中注意力认真"倾听"对方的讲话。听清和正确理解对方的一字一句，不但要听出其"话中话"，而且要听出其"弦外之音"，这样才能作出敏捷的反应。

四要得体地回答面试官提出的问题，这是面试取得成功的关键。求职者要对面试官可能提到的问题有充分的准备。

【礼仪小贴士】

询问面试结果是公事，应在正常工作日的时间段内打电话。要尽量避开周一上午、周五下午及每天刚上班的 1 小时内和下班前的 1 小时内，这几个时间段很多部门都有开例会的习惯。通话自始至终都要彬彬有礼，尊重通话对象。接通电话后首先说："您好！"接下来自报家门：女生名、何

图 5-17 递物

时面试、面试什么职位，以便对方知道准确信息，便于查找。碰上要找的人不在，态度同样要文明礼貌，可以打听要找的人何时在，约好时间再打。

二、面试结束礼仪

面试结束时的礼节也是用人单位考量人才的一个砝码，成功的方法在于：不要在主试人结束说话前表现出躁动不安、急欲离开的样子；告别时应感谢对方花时间同自己面谈。

（一）求职如愿：得意勿刻脸上

如果求职如愿，不要得意忘形，不要过分惊喜，应以稳重的姿态向考官表示感谢："希望今后合作愉快。"不卑不亢，更显分量。

如果结果未知，则应再次强调你对应聘工作的热情，并说："感谢您抽时间与我交谈，我获益匪浅，希望今后能有机会再次得到您进一步的指导。"但一定不要言辞过分，如"拜托你啦""请多关照"等词，容易让人感觉你的实力不足。

（二）求职失意：保持君子风度

如果求职失败，要做到失聘不失态：在求职无望的情况下，应及时结束谈话，不要强行"推销"自己。直至告辞，要始终面带微笑，感谢主考官花宝贵的时间与你面谈，而且要说："虽然没有被录用，但此行很有收获。"这样才真正不失体面和尊严。

（三）出考场时：不忘感谢

告辞时，你要与考官握手。如果有多名考官，你要先和主考官握手，而后再依次与其他考官握手告辞。握手时要双目注视对方，面带笑容，不可目光他顾、心不在焉。同时要配以恰当的敬语，如"再见""谢谢"等。

【拓展阅读】

　　某公司要招聘一名市场部经理，一位名校硕士的简历深深吸引了总经理。这位应聘者有相关理论著述，而且在两家单位任过职，有一定经验。于是此公司通知这位应聘者三天后来公司面试。那么面试结果如何呢？结果竟然是没能通过。总经理后来说，那次面试是他亲自主持的。他发现这位应聘者有个特点，就是不管什么时候都是锁着双眉，不会微笑，显示出很沉闷的样子。他说，这种表情的人是典型的不擅长做沟通工作的。而作为市场部的负责人，沟通本来就是重要的工作内容。

　　某游戏软件公司欲招三名软件开发人员，通过笔试、上机操作，有四人成绩优秀，独立学院计算机学科专业的小唐就是其中一个。但到面试那天小唐才知道，另外三人中有两人是名牌大学的本科生，一人是研究生，于是小唐在心理上就觉得低人一等。面对考官的提问，小唐明明知道答案，也不敢抢先回答，害怕答错了招人笑话。即使偶尔回答问题也是抬头瞟一眼考官便迅速低下头，脸涨得通红，还不时偷眼看其他三位应聘者的反应。最终结果可想而知，他被淘汰了。

【礼仪小贴士】

大学生求职面试中的礼仪问题及建议

　　大学生求职面试中在礼仪方面存在着很多具体问题，归纳起来主要有两个方面的问题：心理方面（表 5-1）和形象方面（表 5-2）。

表 5-1　大学生求职面试中心理方面的问题

心理方面的问题	解决建议
自卑心理	树立自信
自负心理	自我定位
盲目攀比与攀高心理	明确目标
消极依赖的心理	勇于推销

表 5-2　大学生求职面试中形象方面的问题

形象方面的问题	解决建议
坐姿不佳	规范坐姿
不注意穿着	注重细节
不擅长与他人谈话	有声的语言艺术

【课堂活动】

　　1. 把班级同学分成若干小组，每个小组中的几名同学分角色担任一家公司的主考官、考官、经理等职务，其他同学作为应聘者来公司进行应聘。每个小组轮流上台试演，全班讨论决定最佳表现小组。

　　2. 情景模拟：A 公司正组织一场面试，面试岗位有公关部职员、会计主管、销售人员等。请现场模拟面试时的情景。

　　3. 训练要求：假设你自己将要参加面试，请设计着装搭配、发型、配饰方案及面试要准备的其他物件。

　　4. 模拟招聘单位在面试时提问下列问题。

　　（1）你能和他人很好地相处吗？

　　（2）你在学校最喜欢的一门课程是什么，为什么？

　　（3）如果这次面试失败了，你会怎么办？

任务3　职场日常工作礼仪

【任务情境一】

> 某市教育局准备召开该市中、小学关于实行教育改革的工作会议，由A中学出面承办此次会议。

【任务情境二】

> 某医药集团公司准备为一家外资企业推荐一套自己集团目前生产的最先进的输液管生产线。经过前期沟通后，外资企业的副总经理决定带人到该医药集团公司进行实地考察，并落实合作事宜。该医药集团公司接到消息后，迅速安排某办公室人员负责此次接待。

【思考一下】

A中学将如何做好此次教育工作会议的安排工作？

【思考一下】

如果你是办公室负责人，你会怎样安排这次接待？在职场上我们应该掌握哪些日常工作礼仪呢？

会议礼仪

一、会议礼仪

会议是为实现一定的组织目标，由会议组织者召集一定规模的、由不同层次和不同数量的人员参加的一种事务性活动。无论什么目的，要想取得良好的效果，会议的组织、参加、进行就必须讲究礼仪，以便与会者很好地进行沟通。因此，遵守会议礼仪是会议取得成功的重要保证。

（一）会议的筹备和会务工作

大型会议要认真做好筹备工作，并做好会议中的每一个环节的服务工作，主要包括：拟定会议主题，确定会议的形式、内容、任务、议程、期限、出席人员等，拟发会议通知，起草会议文件，布置会议接待任务，布置会场（包括音响、照明、空调、投影、摄像设备，以及文具、饮料等）（图5-18），主席台座位排列，听众席座位安排，会议签到，发放资料等。

图 5-18　大型会议会场

如果有必要，还要安排合影留念、赠纪念品、参观相关单位或项目等。

会议结束后，应热情送别领导和其他与会者平安离会，及时形成会议文件或决议，安排专人负责落实跟进，并对会议文件材料进行妥善处理、归档。

（二）会议座次排列

1. 国内大型政务会议

主席台座位的排列顺序，一般遵循我国传统习惯，即前排高于后排，中间高于两侧，左座高于右座，简称前高、中高、左高（图 5-19）。

国内政务活动合影的位次，与主席台的顺序相同。

图 5-19　国内大型政务会议排位

2. 国内小型政务会议

座位排列顺序如图 5-20、图 5-21 所示。

图 5-20　国内小型政务会议排位 1

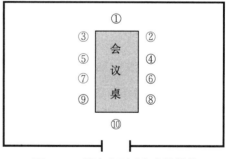

图 5-21　国内小型政务会议排位 2

3. 国际会议和国内大型商务会议

主席台遵照国际惯例进行排座，即前排高于后排，中央高于两侧，右座高于左座。与国内政务会议不同的是"右高"，不是"左高"。

国际活动和国内商务活动合影的位次排列，与主席台的排列顺序相同，即前高、中高、右高。

位次礼仪

（三）参加会议人员应注意的礼节

（1）会议主持人、主席台上的领导和其他参会人员的着装要庄重得体，表情要文雅亲和，举止要沉稳大方；

（2）主持人要大方准确地介绍参会人员，并控制好会议的主题、时间和进程；

（3）准时到会是对会议组织者和其他与会人员最起码的尊重；

（4）进入会场后，不大声喧哗，按规定位置就座；

（5）会议开始前，将通信工具调至无声状态，不可在会场里接打电话；

（6）与会者应保持良好的精神状态，认真倾听，并做好笔记。

（7）保持会场安静，不宜交头接耳，也不要随便走动，以免影响他人；

（8）要以恰当的方式对会议作出反应，适时鼓掌，表达自己的认同和赞赏；

（9）发言要服从会议安排，掌握好语速、语调、音量，在规定时间内简明扼要地表达自己的观点；

（10）遵从会议对录音、录像、拍照及文件等有关规定和保密的要求。

二、会见会谈礼仪

（一）会见

在国际上，凡身份高者会见身份低者，一般称为接见、召见；而身份低者会见身份高者，一般称为拜会、拜见。在我国，一般统称为会见。

会见的座位安排有多种形式（图 5-22）（图 5-23），有宾主各坐一方的，也有宾主穿插坐在一起的。但通常安排面对正门的两个座位，主人坐左侧，主宾坐右侧，即"以右为上"，其他人按照顺序分别在主宾或主人一侧就座。译员、记录员通常坐在主人和主宾的后面。

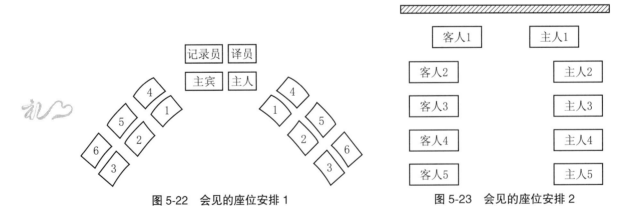

图 5-22 会见的座位安排 1　　　　图 5-23 会见的座位安排 2

（二）会谈

会谈是指双方或多方就某些政治、经济、文化、军事，以及其他共同关心的问题交换意见，或者就某项具体业务进行谈判。

双边会谈通常用长方形或椭圆形桌子；多边会谈一般采用圆桌或方形桌子。会谈桌上摆放席卡，以便与会者入座。

双边会谈时，宾主相对而坐。客人面对会场正门，即"面门为上"，主人背对会场正门。

商务谈判礼仪

（三）会见、会谈应注意的礼节（图 5-24）

（1）参与会见、会谈者，应修饰好自己的仪表，并严格遵守时间。

（2）主人一般在大楼正门或会客厅门口迎接客人。如果主人在会客厅门口迎候，则应由工作人员在大楼门口迎接客人，并将客人引领到会客厅。

国际商务礼仪

图 5-24 双边会谈座次安排

（3）宾主见面握手、相互介绍，一般先向客人介绍主人，再向主人介绍客人。

（4）入座、会见、会谈。

（5）会见、会谈结束后，主人送客人至门口或车前握手告别，目送客人离去。

【知识窗】

新闻发布会礼仪

目前的新闻媒体主要分为电视、广播、报纸、杂志、网络，它们各有特点，要取其所长，才能做到新闻传播途径准确有效。

新闻记者是发布会的"重头"，一般来说，发布会前要先做一份拟邀请的名单，提前一周时间发出邀请函，然后打电话落实。突发新闻事件可以采用电话和邮件邀请记者的方式。新闻发布会上的新闻媒体记者必须有所选择、有所侧重，符合发布会的主题，以确保新闻发布会的成功。说明性发布会为了扩大影响和知名度，可以广邀记者。解析性的发布会邀请范围可小些，如事件或消息只涉及某一城市，一般就请当地的新闻记者参加。

【课堂活动】

"时装秀"方案

某服装集团为了开拓夏季服装市场，拟召开一个服装展示会，推出一批夏季新款时装。秘书小李拟了一个方案，内容如下：

1. 会议名称："××××年××服装集团夏季时装秀"。

2. 参加会议人员：上级主管部门领导2人，行业协会代表3人，全国大中型商场总经理或业务经理以及其他客户约150人，主办方领导及工作人员20名，另请模特公司服装表演队若干人。

3. 会议主持人：××集团公司负责销售工作的副总经理。

4. 会议时间：××××年12月18日上午9点30分至11点。

5. 会议程序：来宾签到，发调查表；展示会开幕、上级领导讲话；时装表演；展示活动闭幕、收调查表，发纪念品。

6. 会议文件：会议通知、邀请函、请柬、签到表、产品意见调查表、服装集团产品介绍资料、订货意向书、购销合同。

7. 会址：服装集团小礼堂。

8. 会场布置：蓝色背景帷幕，中心挂服装品牌标识，上方挂展示会标题横幅。搭设T型服装表演台，安排来宾围绕就座。会场外悬挂大型彩色气球及广告条幅。

9. 会议用品：纸、笔等文具，饮料，照明灯、音响设备、背景音乐资料，足够的椅子，纪念品（每人发××服装集团生产的文化衫1件）。

10. 会务工作：安排提前来的外地来宾在市中心花园大酒店报到、住宿，安排交通车接送来宾，展示会后安排工作午餐。

【思考一下】

小李的会议方案有无改进的地方？

三、接待礼仪

在工作中，我们经常需要接待来检查指导工作的上级领导和来参观考察或洽谈业务的客人，为了表达对上级领导和客人的欢迎和尊重，我们应注意做好接待工作。

（一）迎客

如有贵宾来访，一般宜在客人乘坐的交通工具（如火车、飞机、公共汽车、地铁）的到达地点迎候。

1. 礼宾次序

（1）迎接客人时，礼宾次序一般为：前高、中高、右高、左低。

（2）两人并行，右为尊行；三人并行，中为尊行；二人纵行，前为尊行；上楼梯，前为尊行；下楼梯，后为尊行。

（3）陪同客人乘电梯时，如果有服务员操作，应请客人先进，自己后进；如果无服务员操作，应自己先进，按住电梯门，并服侍客人安全进入，然后操作按钮。出电梯时，请客人先出。若电梯人满，自己站在靠近

商务接待
礼仪

电梯门处，首先出去亦不为失礼。

（4）进房门时，前为尊行。如果房门是向外开的，要先拉开门，并用手势示意客人"请进"；如果房门是向里开的，要先推开门，并进入一步，按住门，再请客人进入，自己再随其后。不管是拉门还是推门，都要注意面朝客人，不要把后背对着客人。

2. 礼貌待客

干净、整洁的环境和热情礼貌的态度，是给来访者最好的见面礼。

彬彬有礼地引导客人入座后，应为客人送上茶水或咖啡等。沏茶时，不要沏得太满。为客人端茶时，应双手端送，放在客人座位旁边的茶几或桌子上，杯柄向右，以便于客人随手端茶。

（二）陪客

1. 乘车礼仪（图 5-25）（图 5-26）（图 5-27）（图 5-28）

（1）轿车。如果是专职司机开车，后排右位为尊，后排左位第二，后排中间第三，前排司机旁第四。

在公务活动中，副驾驶座被称为"随员座"，一般为秘书、翻译、警卫、陪同人员就座的位置。

上轿车时，陪行者先服侍尊者从右后门上车，自己再上前右座或从车后绕道后排左边上车；下车时，陪行者先下车，服侍尊者下车。如果去酒店等场合，有服务生服侍尊者下车，陪行者不必先下车服侍尊者。

如果是主人驾车，前排主人旁座位为尊，后排右、左、中依次排列。如果你是客人，应主动坐到副驾驶位置上陪伴主人。否则，会让人感觉你把主人当成司机了。

如果主人夫妇接待客人夫妇，那么主人夫妇坐前排，客人夫妇坐后排；若一人开车接送一对夫妇，则男宾应坐在副驾驶位上，女宾坐在后排。

（2）吉普车。无论是主人驾驶还是司机驾驶，前排右座为尊，后排右、左、中依次排列。

（3）面包车、公共汽车。司机后第一排右座为尊，向左依次排列，再

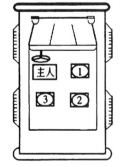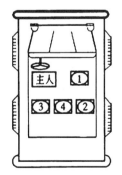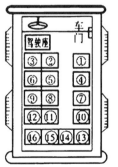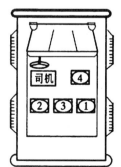

图 5-25 乘车座位安排 1　图 5-26 乘车座位安排 2　图 5-27 乘车座位安排 3　图 5-28 乘车座位安排 4

依次向后自右向左排列，司机旁边的座位为小。

在实际接待工作中，有时会遇到客人不喜欢坐在尊位上的情形：他们有的喜欢坐在司机后面，感觉隐蔽一些，特别是重要领导人或名人常常喜欢坐在这个位置上；有的喜欢坐在司机旁边，感觉视野开阔一些。这个时候，一定要尊重客人的选择，尊重就是礼节。

如果车上有儿童，要让其坐在后排，并用安全带保护好他，即使有大人抱着也不要坐在前排。

自驾车陪客时，要注意安全礼让，特别要礼让行人，这不仅是为了安全，也会让客人感受到你的礼貌修养；开车时不饮酒、不赌气、不争抢；如果接打手机，须先找地方停车；出路口一定要停车让路；泥水路慢行，以免将泥水溅到行人身上或他人的车子上；夜间开车，注意灯光礼让。

2. 陪行（图 5-29）

图 5-29　陪行引导

（1）为客人带路时，应走在客人左前方 2～3 步处，并及时用手势引导，随客人的行走速度前行；近转弯或台阶处，要回头向客人示意；上下楼梯时，自己走在外侧，让客人走在内侧。注意不要挡住后边来人的路。

（2）两人行，右为大（一般请客人位于自己右侧，以示尊重）；三人行，中为大，右为次，左为最次；如果您不是主陪人员，则应走在客人和主陪人员的后面。

（3）如果随领导外出，应走在领导的两侧偏后或后面。

（4）乘手扶自动电梯时，右手扶梯，靠右边站立，让有急事的人从左边行走。

公共交通
乘坐礼仪

3. 送客

送别是接待过程的最后环节。按常规，道别应当由客人先提出来，且要在客人伸手后方可伸手与之相握，互道"再见"。"出迎三步，身送七步"是迎送宾客最基本的做法。送客送至室外，且目送客人背影消失后，才能回身关门。重要的客人还应送至电梯口或楼梯口，甚至楼下、大门口。总之，每次送客都要以将再次见面的心情恭送对方。

送客常规礼仪

低层送到大门口；

高层送到电梯口；

有车送到车离去。

【礼仪小贴士】

【拓展阅读】

小郑刚参加工作不久，公司举办了一次大型的产品发布会，邀请国内很多知名企业人士参加。小郑被安排在接待工作岗位上。接待当天，小郑早早来到机场，当等到来参加发布会的人时，他便开口说："您好！是来参加发布会的吗？请告诉我您的单位及姓名，以便我们安排好就餐与住宿问题。"小郑有条不紊地做好了记录。后来到会场，小郑帮客人引路，小郑一直小心翼翼，虽然自己一向走路很快，但是他放慢步伐，注意与客人保持适当的距离，一路带着客人，上下电梯，小郑都是走在前面，做好带路工作。但是原本自认为很简单的事情，小郑却几次被上司批评。

【思考一下】

小郑有哪些事情做得不妥？

接待探访模拟训练

【课后实训】

1. 训练目的

使学生熟悉接待的有关礼节，能够正确运用其礼仪规范。

2. 训练主题

进行接待探访模拟训练。

3. 训练准备

训练地点包括实训楼前、电梯间、会议室等。训练需要准备办公家具、茶具、茶叶、热水瓶或饮水机、企业宣传资料等。

4. 训练方法

将学生分成若干小组，自设情境，每组一部分学生扮演来访团体成员，一部分学生扮演接待方成员。

5. 模拟演示以下情景

（1）在门口迎接客人；

（2）引导客人前往接待室；

（3）与客人搭乘电梯；

（4）引见介绍；

（5）招呼客人；

（6）为客人奉送热茶；

（7）送别客人。

演示完毕后，可两组人员角色对调，再演示一遍，充分体会接待的不同礼仪要求。

6. 训练要求

在演示过程中要遵循称呼、问候、介绍、握手、名片递接、礼品馈赠等会面的有关礼仪规范。

四、宴请礼仪

（一）宴会分类

按宴会的形式不同，宴会可分为正式宴会和便宴。

1. 正式宴会（图 5-30）

正式宴会是指按一定的规格摆设的筵席，通常在晚上举行，偶尔也可在午间举行，席间一般有正式的致辞和祝酒。国宴是最隆重的正式宴会。

图 5-30　正式宴会

2. 便宴

便宴是非正式宴会，包括家宴、工作餐、冷餐会（自助餐会）、酒会（鸡尾酒会）、茶话会等。它与正式宴会相比，仪式上不那么严格，气氛比较宽松，就餐人员会感到比较随意一些。

（二）桌次、座次排序

1. 大型宴会桌次排列原则

（1）面门为上（面对房间正门的位置是高位）；

（2）以远为上（离房间正门越远的位置越高）；

（3）居中为上（中央高于两侧）；

（4）居右为上（右侧高于左侧）；

（5）临台为上（临近主席台的位置为高位）；

（6）开阔为上（开阔的位置高于狭窄的位置）。

2. 桌次排列顺序（图5-31）（图5-32）（图5-33）（图5-34）（图5-35）（图5-36）（图5-37）（图5-38）

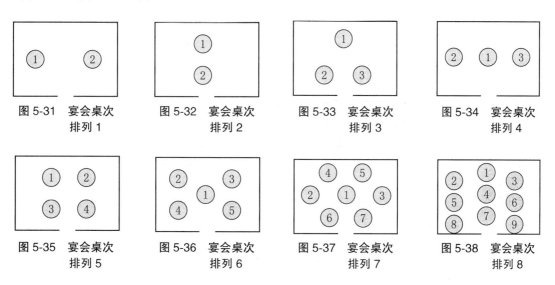

图 5-31　宴会桌次　　图 5-32　宴会桌次　　图 5-33　宴会桌次　　图 5-34　宴会桌次
　　　　排列 1　　　　　　　　排列 2　　　　　　　　排列 3　　　　　　　　排列 4

图 5-35　宴会桌次　　图 5-36　宴会桌次　　图 5-37　宴会桌次　　图 5-38　宴会桌次
　　　　排列 5　　　　　　　　排列 6　　　　　　　　排列 7　　　　　　　　排列 8

3. 中餐座次排列顺序（图5-39）（图5-40）

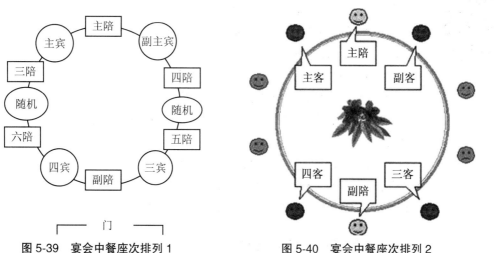

图 5-39　宴会中餐座次排列 1　　　　　　图 5-40　宴会中餐座次排列 2

4. 西餐座次排列顺序（图5-41）（图5-42）

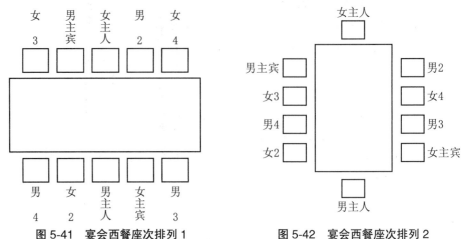

图5-41 宴会西餐座次排列1　　　　图5-42 宴会西餐座次排列2

（三）就餐礼节

（1）赴宴前要认真修饰仪容、仪表，准时赴宴。

（2）就餐时，坐姿要端正，举止要文雅。

（3）不要随意脱下上衣、松开领带，或挽起袖子。

（4）不要用手托腮或把胳膊放在桌上，或抠鼻子，挖耳朵，剪指甲等。

茶会礼仪

（5）就餐时，将餐巾摊开放在大腿上，切勿系在腰带上或挂在领口上。

（6）喝汤时，不要用汤匙搅汤或用嘴吹汤，喝汤、喝茶时都不要发出声音。

（7）正式宴会上一般不允许吸烟，即使在便宴上，也需要先征得周围的人尤其是女士同意后，方可吸烟。

庆典仪式礼仪

（8）口内有食物时，闭嘴咀嚼勿说话；吃东西不要发出声音；剔牙时，要用手或餐巾遮口。

（9）忌大声喧哗，夸夸其谈；忌饮酒过量，失言失态。

（10）不可拿着筷子做手势，不要用筷子去搅菜。

（11）进餐时，要细嚼慢咽。如果狼吞虎咽，就会给人留下粗俗的印象。

（12）吃自助餐时，要排队取菜，用公用餐具将食物装入自己的食盘之内，不可用手或用自己的餐具取菜。不要围在餐台边进食。要吃多少取多少，不能浪费。可"多次""少取"，不能"吃不了兜着走"。

五、馈赠礼仪（图5-43）

在日常工作中，常常需要礼尚往来。尤其是企业，为了扩大品牌影响和开辟市场，也需要送礼。

送礼主要包括：人情礼、鼓励礼、祝贺礼、捐助礼、纪念礼、促销礼、产品广告礼等。

图 5-43　馈赠礼物

（一）馈赠六要素（5W1H）

（1）送给谁（Who）；

（2）为什么送（Why）；

（3）送什么（What）；

（4）什么时间送（When）；

（5）什么地点送（Where）；

（6）如何送（How）。

（二）礼品的选择

选择礼品时，要考虑受礼者的年龄、身份、兴趣、爱好和所处的环境，所送的礼品应"投其所好"，才能使对方从所赠礼品中领会出送礼者的一番用心和真情。

对贫者：以实惠性为佳；

对富者：以精巧性为佳；

对恋人：以纪念性为佳；

对老人：以实用性为佳；

对孩子：以启智性为佳；

对外宾：以特色性为佳。

【礼仪小贴士】

公务馈赠通常选择价格适中、做工精美、富有纪念意义并具有地域特色或行业特点的礼品，还要考虑礼品的便携性、独特性、时尚性和习俗性。

（三）送礼应注意什么

（1）送礼的目的要正确，不要让"礼品"沾上太多的功利色彩。

（2）切忌把礼品变成受礼者违法犯纪的贿赂品。

（3）精美的包装是礼品的重要组成部分，适当的包装可以彰显送礼者的认真态度和审美情趣。

（4）在包装时，要将礼品的价钱标签拿掉。

（5）如果有保修单，应附上备用。

（6）如果是对方不了解的礼品，要附上礼品的寓意、用途和用法的说明书。

（7）给外宾送礼时，一定不要说"礼不好"。否则，他们可能会真的误会您把不好的礼物送给了他。

（8）给外宾送花时，应考虑到花的寓意、颜色及数目。最好送外宾所在国的国花及相应的辅花。花枝的数量以单数为宜，但忌送 13 枝。

（9）公务馈赠，宜在办公地点或交往地点当面递交。赠送礼品时，可对礼品的寓意、功能等作简短的介绍；同时，表达你对对方的良好祝愿。

（四）如何接受礼品

（1）接受对方的礼物时，要从容大方，用双手接过来，同时表示感谢。接受外国人送的礼物时，不要说"不敢当"，应礼貌地说声"谢谢"。

（2）按照中国人收礼的习俗，一般不当着送礼人的面打开礼品并作评价，但西方人则习惯当面打开、当面欣赏、当面感谢。

（3）对于那些有可能影响公正执行公务的礼品，或接受后会受到对方控制的礼品，或有行贿嫌疑的礼品，要坚决拒收，且最好当场拒收。

（4）拒收礼品时，应保持礼貌、友好的态度，先向对方表达感激之情，再向对方详细说明拒收的原因。

（五）送礼禁忌

不同国家、不同民族对礼品有着不同的禁忌。比如，百合花在中国象征着纯洁、百年好合，而它在英国人的眼里则代表着死亡；莲花"出淤泥而不染"，在中国象征贞洁，而日本人则十分忌讳。所以，在送花时，一定要先了解对方的禁忌。否则，不但达不到送礼的目的，还可能会伤害对方的感情。

【礼仪小贴士】

在我国，送礼时要注意：

忌送违法的或涉及机密的商品；

忌送药品或不安全的商品；

不送价格过低或过高的商品；

不送对方忌讳和带有广告标志的商品；

不送伞、梨、刀、钟、蒜等。

一般情况下，男士不给女士送香水、内衣等；女士不给男士送皮带、衬衫、领带等。除非双方之间有很亲近的关系。

六、服务礼仪

党政机关、事业单位和窗口行业的工作人员，与人民群众和外来客人的接触比较广泛、密切而频繁。所以，人民群众对党和政府形象的感受，外来人员对城市文明水平的形象，往往直接来源于对这些单位或个人的认识和评价。因此，对于机关、事业单位和窗口行业的工作人员来说，学好服务礼仪，提升服务质量，不仅有助于提高工作效率和经济效益，而且可以进一步密切党和政府与人民群众的联系。同时，还有助于提升个人、单位、行业以至整个城市的文明形象。

服务礼仪认知

（一）用"心"与客人沟通（图 5-44）

与客人的沟通应从心灵开始，并注意掌握沟通技巧。例如：一个亲和的眼神、一个甜美的微笑、一个礼貌的点头、一个轻轻的招手、一条温馨的短信、一束美丽的鲜花、一杯清香的热茶、一张漂亮的贺卡、一句温馨的"您好"、一声诚挚的"谢谢"、一句发自内心的"对不起"等，都会让对方感受到你的礼貌和修养，心灵的沟通就在友好中建立起来了。

图 5-44　服务礼仪

　　真诚地对别人微笑，是最好的沟通方式（图 5-45）。因此，要想让自己与客户、与民众之间建立起良好的沟通关系，不妨就先从"微笑服务"开始。

（二）服务"五声"

　　服务"五声"即来有迎声，问有答声，帮有谢声，怨有歉声，去有送声。对到来的客人热情地说声"您好""欢迎您"；对客人的问询，耐心地回答；对配合、支持您工作的客人说声"谢谢"；对不满意的客人真诚地说声"对不起"；对要离开的客人礼貌地说声"再见"。服务"五声"，声声传真情，让客户把"温馨"留在心里，把"满意"带回家中。

（三）敬人"三 A"原则

　　敬人"三 A"原则指的是接受（accept）对方、关心（attention）对方和赞美（admire）对方。敬人"三 A"原则是"受人欢迎的三大秘诀"，这也是世界服务行业普遍践行的原则。

图 5-45　微笑服务

1. 接受对方

　　客人需要的是"服务"和"尊重"。

　　（1）要用真诚的态度接受所有来办事或消费的客人，包括那些有怨气的和情绪激动的客人。

　　（2）遇到客人不满意时，要主动道歉，并通过善解人意的语言、彬彬有礼的行为，来化解客户的不满情绪。

　　（3）在客人不冷静时，要调整好自己的情绪，以温和的态度，耐心、诚恳地让对方把话讲完。不可在顾客尚未讲完话之时就挂断电话或离开顾客。

（4）不可与顾客争辩，即使客户的投诉和抱怨有些过分，也不要争辩。

2. 关心对方

餐饮服务
礼仪

（1）细心观察和倾听服务对象的愿望和需求，尤其是心理需求。如：希望自己受欢迎的虚荣心理，希望自己被关心的独占心理，希望自己被关注的优越心理等。

（2）建立客人档案，牢记重要客人的名字、职务、形象、声音和相关信息。如果你能用熟悉的称呼来称呼对方，会让对方感到如"回家"般的温暖。

（3）对那些排队等候良久的客人说一声"对不起，让您久等了"，你在客人心目中的形象会更加亲和。

（4）在受理客户投诉时，应以关心的态度和面带歉意的微笑，认真聆听客户的讲述并做好记录。

3. 赞美对方

每个人都喜欢听赞美的话，所以"赞美"别人是一种美德，也是工作和社会交往中的一条重要法则。如果你能把赞美当做说话的习惯，时常把快乐带给别人，也能让愉悦回传给自己。

（1）一定要选择对方身上的闪光点进行赞美，并用诚恳的态度表示肯定、称赞。

（2）赞美的时候，要微笑并注视着对方，以表明你内心真诚的态度，让对方感到你的赞美是发自肺腑的。

（3）赞美要实事求是地肯定，并注意把握分寸，不要夸大其词地恭维和奉承。

（4）切勿用对方不爱听、不感兴趣的话去赞美对方。

（四）满足客人的不同需要

马斯洛需求层次理论把人的需求按层次由低到高分为：生理需求、安全需求、爱和归属感、尊重和自我实现五大类。在服务工作中，我们要根据对方的不同特点，满足其不同需求。如：对领导、贵宾、著名人物，要满足他们的自尊心的需要；对心情不好的客人，要少说多听；对行动不便的老人、残疾人、儿童，要满足他们行动和心理需要。

（五）无干扰服务

创造一个让客人感到舒适、安全的服务环境，力争达到"无干扰"。

1. 环境无干扰

服务环境卫生整洁，服务设施美观、安全、方便，温度、湿度、光线适合客人的需求，并将噪声限制到最低点。有的公园和景点整天喋喋不休地广播"须知""规定"，有的商场、餐馆和店铺门口的叫卖声、音乐声、鞭炮声震耳欲聋，对客人和市民"失礼没商量"。

2. 服务工作无干扰

（1）表情无干扰。热情洋溢的表情会给客人带来轻松和愉悦，而忧愁或冷漠的表情则会让客人感到压抑和厌烦。在工作中，应以真诚的微笑、亲和的眼神，满腔热忱地为客人服务，使客人分享你的快乐，而不是忧愁和冷漠。

在公务员和窗口行业的服务人员中，许多人天天都是"阳光灿烂"，像一位美丽、快乐的"天使"降临人间，给客人带来身心的轻松和愉悦。有些人却每天都是"乌云密布"，让客人感到厌烦和心寒。

我们不禁要问："阳光灿烂"者失去了什么？"乌云密布"者又得到了什么？如果答案是"不"，那么，为什么不让自己天天保持"阳光灿烂"呢？

（2）言谈举止无干扰。在服务工作中，如果谈话的声音太大，或者举止动作不雅，或者语言不通，也会对客人形成干扰；见到客人时，要主动微笑、点头致意，并用清晰、轻柔的声音说"您好""欢迎您"；回答客人询问时，态度应专注，注视对方的眼睛，彬彬有礼地微笑回答；在工作中，站姿、坐姿、走姿和手势要规范文雅；要讲普通话，特殊岗位应学会一门以上的外语。

（3）服务过程无干扰。在服务过程中，务必小心谨慎，把握好具体操作的分寸。要轻拿轻放，以免因你的不小心而出现响声或震动，对客户形成干扰。

在服务过程中，要与客人保持适当的距离，并注意把握好热情的"度"，避免"热情过度""热情越位"。

（六）文明服务用语

1. 不同场景下的礼貌用语

（1）迎接顾客。①"欢迎"；②"欢迎光临"；③"您好"。

（2）接受顾客的吩咐。①"明白了"；②"请您稍等"；③"清楚了，请您放心"。

（3）不能立即接待顾客。①"请您稍等"；②"麻烦您稍等一下"；③"我马上就来"。

（4）对待在等待中的顾客。①"对不起，让您久等了"；②"不好意思，让您等候多时了"。

（5）对顾客表示感谢。①"谢谢您"；②"谢谢您的帮助"；③"谢谢您的配合"。

（6）打扰或给顾客带来麻烦。①"对不起"；②"实在对不起，打扰您了"；③"给您添麻烦了"。

（7）因自己的失误给顾客带来不便。①"对不起"；②"实在抱歉"。

（8）当顾客致歉时。①"没有关系"；②"没关系"；③"这算不了什么"。

（9）当顾客致谢时。①"请别客气"；②"不用客气"；③"很高兴为您服务"；④"这是我应该做的"。

（10）要打断顾客的谈话时。①"对不起，我可以占用一下您的时间吗"；②"对不起，耽搁您的时间了"。

（11）没有听清顾客说什么。"对不起，我没听清，请重复一遍好吗？"

（12）送顾客走时。①"再见，欢迎您下次再来"；②"再见，请走好"。

2. 服务禁忌语

（1）急什么！没看我忙着吗？

（2）问他去，这事我不管！

（3）快下班了，怎么不早点来？

（4）没看见上面写着吗？

（5）看不惯的事多着呢！

（6）有意见找领导去！

（7）我是为你一个人服务的吗？

（8）领导不在，我没办法！

（9）不是告诉你了吗？怎么还问！

（10）手续不全，下次再来！

（11）就这么规定的，不能办！

（12）你爱找谁就找谁！

在服务工作中，只有用真诚的微笑、热情周到的服务，才能让百姓感到"门好进，人好找，脸好看，话好听，事好办"，才能让所有来办事或来消费的客人都"高兴而来，满意而去"。

【课后实训】

1. 判断正误：请对下面这些说法判断，并将"√"和"×"标在相应的括号里。

（1）面试从面试者接到面试通知的那一刻就已经开始了。　（　　）

（2）面试前应收集招聘公司的相关材料。　（　　）

（3）可以将自己认为重要的信息浓缩到简历的前两页上。　（　　）

（4）面试交谈时可以使用方言。　（　　）

（5）网上应聘，准备求职信时还要注意控制篇幅，要让人事经理无需使用屏幕的滚动条就能读完。　（　　）

（6）求职信的核心部分要从专业知识、社会实践能力、专业技能、性格特长等方面使用人单位确信，他们所需要的正是你所能胜任的。（　　）

（7）求职信不宜过长，300字左右较为合适。　（　　）

（8）政治和宗教话题，在求职面试时是可以涉及的。　（　　）

（9）面试交谈，一般情况下，语速以每分钟 120 个字左右为宜。
（　　）

（10）就座面试时，男士可以微分双脚，这样给人以自信、豁达的感觉，双手可以随意放置；女士一般要并拢双膝，或者小腿交叉端坐，这样给人端庄、矜持的感觉，双手一般要放在膝盖上。
（　　）

2. 案例分析：小孙为什么会应聘成功？

某大公司招聘总经理助理，由总经理亲自面试。应聘者小张来到总经理办公室。总经理一见到小张就说："咱们好像在一次研讨会上见过，我还读过你发表的文章，很赞赏你所提出的关于拓展市场的观点。"小张一愣，知道总经理认错人了。但转念一想，既然总经理对那人那么有好感，不如将错就错，对我肯定有好处。于是就接着总经理的话说："对！对！我对那次研讨会也记忆犹新，我提出的观点能对贵公司有帮助，我感到很高兴。"

第二个来应聘的是小高，总经理对他说了同样的话。小高想："真是天助我也，他认错人了。"于是说："我对您也非常敬佩，您在那次研讨会上是最受关注的对象。"

第三个来应聘的是小孙，总经理再次说了同样的话。但小孙一听就站起来说："总经理先生，对不起，您认错人了。我从来没有参加过那样的研讨会，也没提出过拓展市场的观点。"总经理一听就笑了，说："小伙子，请坐下。我要招聘的就是你这样的人。你被录用了。"

3. 案例分析：你能给小艳出出主意吗？

小艳进入了一家新的单位，领导带她熟悉周围环境，并介绍给部门的老同事认识。她非常恭敬地称对方为老师，大多同事都欣然地接受了。

当领导把她带到一位同事面前，并告诉小艳，以后就跟着这位同事学习，有什么不懂的就请教她时，小艳更加恭敬地称对方为老师。这位同事连忙摇头说："大家都是同事，别那么客气，直接叫我名字就行了。"

小艳仔细想想，觉得叫老师显的太生疏了，但是直接叫名字又觉得不尊敬，不知道怎么称呼对方比较合理。

入境而问禁，入国而问俗，入门而问讳

项目六 涉外礼仪

学习目标

1. 了解涉外礼仪的含义，掌握涉外礼仪的原则，熟悉常见国家的礼仪喜好和禁忌。

2. 能运用所学知识分析日常国际交往现象，在国际交往中把握原则，回避禁忌，增强国际交往能力。

3. 充分认识涉外礼仪的重要性和各国礼仪的差异性，培养学习和运用涉外礼仪的积极性，树立尊重他人、关注细节的意识，在国际交往过程中能够展现中国礼仪。

案例一

【案例赏析】

据传，英国王室在伦敦为印度当地的领袖举办一场宴会，宴会进行得很顺利，当最后一道餐点结束时，侍者为每人端来一盘"洗手水"。看见精巧的银盘装着清澈的凉水，水上面还漂着几片菠萝，印度客人不由分说，端起盘子，一扬脖子把水喝了个精光。一旁作陪的贵族们，个个目瞪口呆。宴会主人是当时还是英皇太子的温莎公爵，只见他依旧谈笑风生，徐徐地将面前的"洗手水"一饮而尽，这时的场面就像紧绷的弦获得了解放一般，大家纷纷把面前的水喝光，一场即将引发的难堪与尴尬，就这样化解于无形。事后印度的领袖非常感动。

案例二

在哥斯达黎加，习近平总书记与咖啡种植农户回忆务农经历；在俄罗斯，他主动上前为腿脚不便的援华老兵颁发奖章；在澳大利亚，他履行多年诺言看望已故老友的家人；在美国，他来到位于塔科马市最贫穷居民区的林肯中学，欣然接受师生们赠送的1号橄榄球球衣。"以心相交者，成其久远。"这种心心相印的"亲民范儿"，一路传递着善意与温暖，收获了各国人民的好感与信任。

腹有诗书气自华。穿行在国际舞台上，习近平总书记运用文明的力量，架起沟通中外的桥梁。身着中式礼服出席荷兰国宴，以和平、可亲、文明的"狮子"比喻当代中国，善用古今中外的经典名句阐述观点，向G20杭州峰会外宾介绍"人间天堂"的人文历史，将中医针灸铜人赠予世界卫生组织……他从容优雅的"文化范儿"，彰显了中国领导人开阔的文化视野、深厚的文化积淀和坚定的文化自信，也让世人醉心于中华文化之美，领略文明互鉴之妙。

【启　示】

由于各个国家的国情、历史和文化背景的差异性，每个国家在礼貌礼节、饮食习俗、宗教信仰及禁忌方面各有不同，所以在与外国人交往时，要了解其国家礼俗，以免产生误会，闹得不愉快。

任务1 涉外礼节

【任务情境】

刘莉是一家外资企业的员工，经常要接待外宾或出国访问。今天英国一家大型企业要来中国访问，刘莉是中方主要接待人员，办公室主任王鹏要求其做好接待准备工作。

【思考一下】

请你以刘莉的身份做一份详细的外事接待活动方案，并模拟这次外事接待活动。

涉外礼仪是指在长期的国际交往中，逐步形成的外事礼仪规范，是人们参与国际交往所要遵守的惯例，也是约定俗成的做法。涉外礼仪强调交往中的规范性、对象性和技巧性。

一、国际交往礼仪的原则

在国际交往中，遵守一定的规定和制度是非常重要的。掌握基本的国际交往礼仪原则，不仅有利于塑造良好的个人形象，更有利于维护国家的形象。

（一）维护形象

在国际交往中，人们普遍对交往对象的个人形象更加关注，并且都十分重视遵照规范的、得体的方式塑造和维护自己的个人形象。个人形象在国际交往中深受人们重视。在涉外交往中，每个人都必须时时刻刻注意维护自身形象，特别是要注意维护自己在正式场合留给初次见面的外国友人的第一印象。

（二）求同存异

求同存异是指在涉外交往中为了减少麻烦、避免误会，既对交往对象所在国的礼仪与习俗有所了解并予以尊重，又对国际上所通行的礼仪惯例予以认真遵守，而不是评判是非、鉴定优劣。

（三）入乡随俗

在涉外交往中，要真正做到尊重交往对象，就必须尊重对方所独有的风俗习惯。当自身作为东道主时，通常讲究"主随客便"；而自己做客人时，则又讲究"客随主便"。

（四）信守约定

在一切正式的国际交往之中，都必须认真而严格地遵守自己的所有承诺。说话务必要算数，许诺一定要兑现，约会必须要如约而至。在一切有关时间方面的正式约定之中，都需要恪守不怠。

（五）热情有度

在参与国际交往、直接同外国友人打交道时，不仅待人要热情而友好，更要把握好待人热情友好的具体分寸，否则就会事与愿违，过犹不及，使人厌烦或怀疑你别有用心。

（六）不必过谦

在国际交往中涉及自我评价时，虽然不应该自吹自擂，自我标榜，一味地抬高自己，但是也绝对没有必要妄自菲薄，自我贬低，自轻自贱，在外国友人面前过于谦虚、客套。

（七）不宜先为

在涉外交往中，面对自己一时难以应付、举棋不定，或者不知道到底怎样做才好的情况时，我们应尽量不要急于采取行动，尤其不宜急于抢先、冒昧行事。若有可能的话，面对这种情况时，不妨先按兵不动，再静观一下周围人的所作所为，并与之采取一致的行动。

（八）尊重隐私

在国际交往中，凡涉及经历、收入、年龄、婚恋、健康状况、政治见解等内容均属个人隐私，别人不应询问，我们也应当尊重外国友人的个人隐私权，在与对方交谈时避免涉及这几个方面的问题。

（九）女士优先

在一切社交场合，每一名成年男子都有义务主动自觉地以自己的实际行动，去尊重女性，照顾女性，体谅女性，关心女性，保护女性，并且还要想方设法、尽心竭力地去为女性排忧解难。倘若因为男性的不慎，而使女性陷于尴尬、困难的处境，便意味着男性的失职。

（十）以右为尊

在正式的国际交往中，依照国际惯例，多人并排排列时，最基本的规则是右高左低，以右为上，以左为下；以右为尊，以左为卑。大到政治磋商、商务往来、文化交流，小到私人接触、社交应酬，但凡有必要确定具体排列位置的主次尊卑时，"以右为尊"都是普遍适用的。

二、涉外礼仪的相关内容及注意事项

（一）见面礼仪

在涉外交往中，每个人都必须时刻注意维护自身的形象，特别要注意在正式场合与外国友人初次见面的礼节。

1. 握手礼

握手是当今国际交往中运用最广泛、最频繁的一种致意礼仪。握手礼通行于大多数国家。

握手的次序，遵循的是"尊者决定"原则。年长的先伸手，年轻的随之；职位高的先伸手，职位低的随之；女士先伸手，男士随之。

【礼仪小贴士】

---

2. 鞠躬礼

鞠躬礼是许多国家常见的礼节仪式。基本原则是：在特定的群体中，应该向身份最高的长者行 45° 角鞠躬礼；身份次之的行 30° 角鞠躬礼；身份对等的行 15° 角鞠躬礼。

【礼仪小贴士】 要注意鞠躬时如果戴着帽子，要先将帽子摘下，因为戴帽子鞠躬既不礼貌，也容易使帽子滑落，从而使自己处于尴尬的境地。鞠躬时目光要向下看，表示一种谦恭的态度，切忌一面鞠躬，一面试图抬起眼睛看对方。

图 6-1　拥抱礼

3. 拥抱礼（图 6-1）

拥抱礼越来越成为国际商务活动中的一种时尚，但拥抱礼并非任何时候见面都适用，一般是再次见面、老友相逢或送别之时，为了表示喜悦、感激或不舍的时候行拥抱礼。

行拥抱礼时要热情、大方，避免躲避或尖叫，也避免男女之间拥抱过久、过紧。

【礼仪小贴士】 许多人不习惯与初次交往的人或陌生人行拥抱礼、亲吻礼、贴面礼等，所以与他们初次见面，还是以握手礼为宜。

4. 亲吻礼

亲吻礼往往和拥抱礼相结合。不同身份的人，相互亲吻的部位也是不同的。一般情况下，夫妻、恋人之间适宜吻唇，长辈与晚辈之间宜吻额或脸，平辈之间则适宜贴面。在公开场合，关系亲密的女性之间可以吻脸，男女之间可以贴面，晚辈对尊长可以吻额，男性对尊贵的女性可以吻其手指或手背。

5. 吻手礼（图 6-2）

吻手礼是流行于欧美上层社会的一种礼节。英、法两国尤其喜欢"吻手礼"。行吻手礼时，男士走到已婚女士的面前，首先欠身致敬，然后以

图 6-2　吻手礼

右手或双手轻轻抬起女士的右手，同时俯身弯腰以自己微闭的嘴唇象征性地接触一下女士的指背或手指。男士同上层社会的女士相见时，如果女士先伸出手，男士可将女士的指尖轻轻抬起吻一下。但如果女士不伸手，则不可强行吻手礼。

吻手礼的受礼者，只能是已婚女士。注意吻手的部位应是女士右手的手指或手背，手腕及附近的部位则属于禁区。　　　　【礼仪小贴士】

---

6. 合十礼

合十礼又叫合掌礼，是泰国、老挝、缅甸、尼泊尔、柬埔寨等南亚与东南亚国家的见面拜礼。

（二）称呼礼仪

称呼主要是指人们交往中彼此的称谓语。各国、各民族由于语言和风俗习惯的不同、社会制度的差异，在称呼上差别很大。

1. 普通和常用称呼

在涉外交往中，一般对男士称 ×× 先生，对已婚女子称夫人、女士；未婚女子称小姐；对不了解其婚姻情况的女子也可称作小姐或女士；对地位较高、年龄稍长的已婚女子称夫人。近年来，女士已逐渐成为对女性最常用的称呼。

2. 对地位较高人士的称呼

对于地位较高的人士可称其为"阁下"，或职衔加"先生"，如"部长阁下"等；对有高级官衔的妇女也可称"阁下"；但对没有称"阁下"习惯的美国、德国、墨西哥等外宾，男士可称"先生"，女士称"夫人"或"小姐"；对外国高级官员如国家元首、政府首脑及官员，可称呼其头衔。

3. 职务或学位的单独称呼

对律师、医生、教授、法官、博士等，都可以单独称呼其职务或学位，也可以加上姓氏和"先生"，如"约翰教授""法官先生"等。

4. 按军衔称呼

直接称呼别人军衔或在军衔后加上"先生"。

（三）交谈礼仪

国际交往中与人交谈时，不凡的谈吐、合适的话题、优雅的举止、大方的仪态，不仅有利于双方沟通，还能给对方留下良好的印象，让人感受到中国礼仪之邦的文化底蕴。

（1）谈话的表情要自然、亲切，表达得体；说话时可适当做些手势，但动作不要过大，更不要手舞足蹈，不要用手指指人；与人谈话时，忌与对方距离太远或过近；谈话时不要唾沫四溅；参加别人谈话时要先打招呼，别人在个别谈话时，不要凑前插话或旁听；有人与自己主动说话，要乐于交谈；第三者参与谈话，要以握手、点头或微笑表示欢迎；发现有人想与自己谈话，可以主动询问；谈话中如遇有急事需要处理或离开，要向谈话对方打招呼，表示歉意。

（2）谈话要照顾在场的所有人。现场有多个人时，注意要与在场的所有人交谈，切忌只和一两个人说话，而不理会在场的其他人，或者仅和个别人交谈只有两个人知道的事而冷落其他人。

（3）交谈时要给别人发表意见的机会，别人说话时，也应适时发表个人看法；善于聆听对方谈话，不轻易打断他人的发言；一般不提和谈话内容无关的问题；如对方谈到一些不便谈论的问题，不要轻易表态，可转移话题；在相互交谈时，目光要得体，注视对方，表示专心；对方发言时，忌伸懒腰、玩物品、看手表、看手机、心不在焉、注视别处、左顾右盼等漫不经心的样子或动作。

（4）交谈中不要涉及他人的隐私，尤其是不要问收入，不要问女士的年龄；主动回避敏感问题，如宗教信仰、当事国的内政事务、人权等；谈话的内容也不要涉及疾病、死亡等不愉快的事情；不谈一些荒诞离奇、耸人听闻的事情；对方不愿回答的问题不要追根问底；发现对方对自己谈论的话题不感兴趣或无意中谈起令对方反感的问题时，要立即转移话题；不议论、批评长辈或身份高的人员。

（四）西餐礼仪

（1）西餐的餐具包括刀、叉、匙和盘子等。在正式宴会上，一般是每一道菜配一套相应的餐具，进餐时，要按顺序从外向内取用（图6-3）。

（2）西餐的上菜顺序一般是：面包、黄油—开胃菜—汤—主菜—甜点心—水果、咖啡和茶。

（3）吃西餐时，右手持刀，左手握叉，先用刀把食物切成小块，再用叉送入口中，要吃一块切一块（图6-4）。

图6-3　西餐菜品的摆放

图6-4　手持餐具的姿势

图 6-5　餐具的摆放 1

图 6-6　餐具的摆放 2

（4）在用餐刀切割食物时，不要在餐盘上划出声音。

（5）面包要撕成小片吃，吃一片撕一片，不可直接咬。

（6）喝汤时，左手扶着盘沿，右手用汤匙由内向外舀出来喝，不能端起汤盘将嘴贴到汤盘边喝。

（7）喝咖啡时，用右手的拇指和食指捏住杯把，轻轻端起杯子喝。切记不要将下面的拖碟端起，更不要用搅咖啡的小匙舀着咖啡喝。

（8）暂时离开时，刀、叉应交叉摆放，或摆成"八"字形，置于盘上，刀口向内，以示尚未吃完。如果将刀、叉并拢放在盘子上，刀右叉左，叉面向上，就表示吃完了（图 6-5）（图 6-6）。

（9）餐巾摆放的位置不同，寓意也不同。当主人铺开餐巾时，表示用餐开始；当主人把餐巾放在桌子上时，表示用餐结束；如果中途暂时离开，应将餐巾放在本人座椅上面。

（10）中外饮酒习俗有所不同，对外宾可以敬酒，但不宜劝酒，尤其不能劝女士干杯。

（11）宴会进行过程中，如果不小心让餐具碰出响声，要轻轻地向邻座（或向主人）说声"对不起"。

（12）宴会结束时，主人应站起来宣布散席并向大家致谢。退席时，要让女士先离席，然后男士才离席。

【拓展阅读】

鸡尾酒会

鸡尾酒是用酒和果汁、饮料混合而成的一种饮品。鸡尾酒会只以酒水和各种饮料、菜点、小吃等招待客人。酒水和食品由服务员用托盘端送或放置在固定的桌子上，客人自己用牙签或手指取食。

鸡尾酒会一般不设座椅，客人可以端着酒杯，边喝、边吃、边走动，与在场的客人随便交谈，但要注意举止文明、谈吐文雅。

（五）红酒礼仪（图6-7）

红酒被称为国际交往的第二种语言。对于经常参加社交活动的人来说，学习基本的红酒礼仪是十分必要的。

图 6-7　红酒礼仪

1. 准备

红酒一般是平放着储存，饮用前一天把红酒瓶直立，让软木塞产生的木屑沉淀到瓶底。

红酒最适当的饮用温度是 10 ～ 14 摄氏度，夏天最好先放冰箱里放一会儿，饮用前取出。

2. 拿杯（图6-8）

图 6-8　拿杯的姿势

用拇指、食指和中指轻轻捏住杯脚或杯柱，切忌用手抓住杯肚，因为手温会使红酒升温，进而影响口感。

3. 醒酒

红酒开瓶以后，最好先静置 15 分钟至 1 个小时，让酒与空气充分接触，进行"呼吸"。

4. 斟酒（图6-9）

图 6-9　斟酒的姿势

斟酒时，一般只倒杯子的三分之一至一半就行，一定不要倒得太满。为了避免酒液"流花"酒标，倒酒时，要让酒标的正面朝上。

陈酿时间较长的葡萄酒，瓶底会有少量的木屑，因此最好不要把最后的一点倒出来饮用。

5. 品酒

好的红酒是艺术品，要慢慢地"品"，不要一口"喝"完，更不要连续"干杯"。粗俗的"干杯"和不礼貌地"劝酒"，会给人留下缺乏修养的印象。

品酒一般分"一看、二摇、三闻、四品"四个步骤。

一看。观看红酒的颜色，欣赏红酒的美丽色泽。颜色越深的酒，年份越短。暗红色且外围带褐黄色的酒是好酒。

二摇。观色之后，拿起酒杯慢慢向内摇晃，让酒旋转起来，让氧气进入酒内，使酒产生香气。

三闻。用鼻子深吸一下杯中酒的香气，高级红酒闻起来味道很醇厚。

四品。浅尝一口，让酒液在口腔中保留一段时间之后再咽下去。然后回味一下，余味悠长。

红葡萄酒或白葡萄酒的选用没有一定规则，根据个人喜好而定。一般而言，白葡萄酒因为酸度比较高，酸甜爽口，因此有去腥味的作用，适合搭配各种海鲜饮用；红葡萄酒中所含的单宁有去油腻的功效，搭配肉类饮用比较理想。在饮用多种葡萄酒时，一般先饮用白葡萄酒，后饮用红葡萄酒，这样可以更好地体会由淡转浓的口感变化。需要注意的是，在更换酒的品种时，一定要更换酒杯。

（六）馈赠礼仪

互赠礼品是一种礼仪的体现，也是一种情感的传递，能使交往双方之间架起一座互通的桥梁。在涉外交往中，难免要赠送一些小礼品。世界各国赠送礼品的礼仪大体相同，但由于民族信仰、文化风俗的不同，送礼方式和注意事项也不尽相同。我们要掌握馈赠的技巧和艺术，使涉外交往顺利友好、锦上添花。

1. 礼品的挑选

在礼品的挑选上，要对送礼对象的兴趣、爱好作一些了解，投其所好，因人而异。同时，还要特别注意对方的宗教信仰、风俗习惯，了解一下对方的基本忌讳。如：信奉伊斯兰教的国家不要送猪产品和酒。送花时，西方国家比较忌讳双数，喜欢单数，一般不送单一的花种，要让品种搭配得丰富，颜色看起来漂亮。当然各国对颜色也有一些相同的认识，一般认为黑色是肃穆的象征，白色是纯洁的象征，黄色是和谐的象征，红色和蓝色是吉祥如意的象征。

【拓展阅读】

挑选赠送外国友人的礼品时，一般遵循以下四个原则。

（1）突出礼品的纪念性。在涉外交往过程中，送礼同样讲究"礼轻情义重"。有时，"江南无所有，聊赠一枝春"，有纪念性的礼品更受对方欢迎。在许多国家，都不赠送过于贵重的礼品，因为过于贵重的礼品可能会使受礼者产生受贿的感觉。

（2）体现礼品的民族性。有人说"最有民族特色的东西，往往是最好的"。向外宾赠送礼品时，具有中国特色的二胡、笛子、风筝、剪纸、筷子、茶叶、书画、印章等物品，到了外国人手上，会备受青睐。

（3）明确礼品的针对性。送礼的针对性，是指挑选礼品时要因人、因事而异。因人而异，是指选择礼品时，要充分了解受礼人的爱好、性格、修养与品位，尽量能使所送礼品得到受礼人的欢迎。因事而异，是指在不同情况下，向受礼人所赠送的礼品也应有所不同。例如：在国事访问中，适合向国宾赠送艺术品、鲜花；出席家宴时，适合向女主人赠送土特产、工艺品或鲜花，或是向主人的孩子赠送玩具、糖果等；探望病人时，则适合向对方赠送鲜花、水果或书刊等。

（4）重视礼品的差异性。向外国友人赠送礼品时，要了解受礼人所在国的风俗习惯，绝不能有悖于对方的风俗习惯，在挑选礼品时，应主动回避对方有可能存在的禁忌。

【礼仪小贴士】

"择礼六忌"

一是与礼品有关的禁忌；二是与礼品色彩有关的禁忌；三是与礼品图案有关的禁忌；四是与礼品形状有关的禁忌；五是与礼品数量有关的禁忌；六是与礼品包装有关的禁忌。

【拓展阅读】

"党和国家领导人外交活动礼品展"向公众开放，件件独特的礼品都有故事

2022年2月22日，"友好往来 命运与共——党和国家领导人外交活动礼品展"在北京中央礼品文物管理中心正式向公众开放，670余件中华人民共和国成立以来党和国家领导人在外交活动中受赠、赠送的珍贵"国礼"亮相。数百名北京市民赶来参观，感受新中国外交事业所走过的光辉历程。

进入展厅，670余件套礼品、40余幅照片和近百件文献、文摘、新媒体资料等集体亮相，以新中国成立以来的重大外交事件为主线，通过主展区"独立自主 和平共处""开放合作 和平发展""大道同行 命运与共"三个篇章，以及"世界舞台 大国担当""缤纷世界 文明互鉴"两个专题区，系统展示了中国共产党人成功开辟和发展新中国外交事业所走过的光辉历程、取得的辉煌成就，特别是党的十八大以来中国特色大国外交取得的历史性、开创性成就。

彩色开国大典历史影像前，不少观众驻足观看。1949年10月1日，中华人民共和国成立。开国大典上，毛泽东向全世界庄严宣布："凡愿遵守平等、互利及互相尊重领土主权等项原则的任何外国政府，本政府均愿与之建立外交关系。"在场的苏联摄影师记录下这一重要时刻。2019年，新中国成立70周年之际，俄罗斯总统普京向习近平总书记赠

送了这部珍贵的彩色历史影像。

展厅里，一件件独具特色的礼品，生动见证了我国同建交国家之间的友好往来、文明互鉴。玻璃展柜中央，一套瓷塑天鹅栩栩如生，一只安然静卧，一只展翅欲飞，象征着对和平、友善的祈盼。这件礼物由美国前总统尼克松于1972年2月赠送，是中美关系"破冰"的重要见证。

1987年时任联合国秘书长的德奎利亚尔赠予我国铜雕《和平之手》，表达了联合国对中国为维护世界和平与稳定作出重要贡献的赞赏与肯定，是我国外交工作开启新局面的见证。2001年6月，第一个在中国诞生的多边国际组织——上海合作组织成立，哈萨克斯坦首任总统纳扎尔巴耶夫赠送的一件银镀金镶宝石驼形来通杯，成为地域间文明交流互鉴、睦邻互信友好的重要见证。

除了精美华丽的艺术品，一些看似普通的"小物件"也寄托着深厚情谊。比如，一件蒙内铁路纪念U盘，是2017年首届"一带一路"国际合作高峰论坛上，肯尼亚总统肯雅塔赠送给习近平总书记的。蒙内铁路是肯尼亚独立百年来建设的首条铁路，完全采用中国标准、技术、装备建造，被誉为"一带一路"建设造福非洲的示范项目。

展览开放首日，数百名观众走进展厅，一览"国礼"风采。"这些漂亮的礼物是祖国和各国友谊的美好见证。"往返于一个个展柜前，北京市民赵女士给4岁的小女儿讲述着精美展品背后的故事，"展览带给我们美的享受，更让我们感受到了祖国的强大。"

（资料来源：学习强国网）

2. 馈赠的方法（图6-10）

向外国友人赠送礼品，不仅要重视礼品品种的选择，而且也要注意赠送礼品时的方式。具体是指在礼品的包装、送礼的时机、送礼的途径三个方面，必须中规中矩，不乱章法。

图6-10 馈赠礼品

（1）重视礼品的包装。礼品的包装是相当重要的，精美的礼物，如果包装粗糙或没有包装，其馈赠价值会大打折扣。美观精致的包装，不仅会提升礼品的价值和档次，也会传达出对受礼人的尊重与重视。

送给外国友人的礼品，一定要事先精心包装，并尽量选择优质的包装材料，包装的外形、色彩和图案及缎带的结法要符合对方的信仰和风俗习惯，不要触犯对方禁忌。同时不要忘记撕下或取掉写有价格的标签。

（2）把握送礼的时机。把握送礼的最佳时机是非常重要的。在会谈或会见时，如果准备向主人赠送礼品，一般应该选择在起身告辞时赠送。如果是向交往对象道贺、道喜时，准备向对方赠送礼品，通常要选择在双方见面之初时相赠。出席宴会，准备向主人赠送礼品，可以在起身辞行时赠送，也可以选择在餐后吃水果时赠送。游览观光时，如果参观单位向自己赠送了礼品，最好在当时就向对方适当回赠一些礼品。如果为专门的工作人员、接待人员准备了礼品，一般应该在抵达后尽早赠送给对方。

（3）选择送礼的途径。在涉外交往过程中，送礼的途径主要有两种：一种是当面亲自赠送；另一种是托人赠送。当面赠送是最有诚意的一种方式。但由于赠送人在外地，或者不宜当面赠送，可以选择委托赠送。赠送外宾的礼品一般是通过双方礼宾人员转交。

3. 礼品的接受

礼尚往来在各个国家和地区都是一种美德。因此在国际交往过程中，收到对方赠送礼品也是常有的事情。在接受赠送者礼品时，应做到以下三点。

（1）欣然接受。当外国友人向自己赠送礼品时，一般应当高高兴兴、大大方方地接受下来，不要过分客套。在受赠时，应停下手中所做的事，起身面向对方，面带笑容，用双手接过礼品，然后和对方握手，并且郑重地向对方道谢。

（2）拆封赞赏。在西方国家中，受礼人在接受礼品时，习惯于当着送礼人的面立即拆启礼品的包装，并对礼品进行适当的赞赏。在许多国家，如果接受礼品后不当场拆封，会被视为失礼。在拆封礼品时动作要井然有序、舒缓，不要乱扯、乱撕、乱丢礼品的包装。

（3）表示感谢。在接受他人赠送礼品的同时，应立即向对方表示感谢，并用恰当的语言表示自己对礼品的欣赏。如果是收到寄送的礼品，要向对方打电话或写封感谢信，表示感谢。

【课堂活动】　公司常常会来一些外国客人，作为公司的一员，自然有义务来接待。怎样才能礼貌周到地接待外国客人？请同学们模拟具体情境进行表演。

任务 2　外国礼俗

【任务情境】

刘莉是一家外资企业的员工，经常要接待外宾或出国访问。今天刘莉接到了李兵总经理的电话，通知她下周二公司总经理及业务部人员一行 5 人（3 男 2 女）要到东南亚考察，其中总经理夫人是第一次去东南亚，希望在洽谈业务之余浏览一下当地的人文景观。这次外事活动很重要，关系到公司能否打开东南亚业务市场，总经理要求刘莉做好必要的安排工作。

一、亚洲主要国家的习俗和禁忌

（一）日本

日本正式国名是日本国，领土由本州、北海道、九州和四国四个大岛及众多小岛组成，与我国一衣带水。日本人勤劳刻苦，自尊心强，好胜心强，注重礼节，遵守时间。

1. 生活习俗

（1）四面环海的特殊地理环境决定了日本人的饮食习惯，日本人对各种海味格外青睐，尤其是生鱼片、生蛎肉。日本人喜欢吃泡菜和用酱、蔬菜、香菇、紫菜、豆腐等做成的汤。

（2）日本人注重茶道、茶礼。茶道被认为是修养和身份的最好表现。

（3）日本人特别喜爱樱花，樱花是日本的国花，日本也被称为樱花之国（图 6-11）。

图 6-11　日本樱花

2. 禁忌

（1）日本人非常讲究餐桌礼仪，如使用筷子时有八种忌讳：一忌舔

> 【思考一下】
>
> 请你以刘莉的身份做一份详细的外事活动方案，并模拟这次外事活动。

筷，二忌迷筷，三忌移筷，四忌扭筷，五忌插筷，六忌掏筷，七忌跨筷，八忌剔筷。除此之外，还忌用同一双筷子给席上所有的人夹取食物。

（2）日本人不喜欢荷花图案，认为是不吉祥之花，是祭奠用的花；认为菊花是一种高贵的花，但需要注意的是，16瓣菊花是皇室专用花饰，虽然深受普通民众的喜爱，却不能作为礼物随意送人；探望病人时，如果送仙客来花、山茶花、淡黄色和白色的花，是不受欢迎的。

（3）日本忌讳把梳子作为礼物送人，T恤衫、广告帽、火柴和圆珠笔也不能作为礼物送人。

（4）对于数字，日本人不喜欢偶数，对奇数有好感，但忌讳9。此外，忌讳的数字还有4，因为日文中9和"苦"、4和"死"的发音相同。

（5）如果要与日本友人合影，忌三人一排，因为他们认为被夹在中间的人将会有厄运。

（6）千万不要给日本人敬烟。因为日本人不喜欢别人给自己敬烟，也绝不会给别人敬烟。

（7）在给日本朋友寄信时，千万不要把信封上的邮票倒贴，因为在日本倒贴邮票是绝交的意思。

【礼仪小贴士】

与日本人交谈时不要指手画脚，更不要打断别人说话。在交谈中不要打听对方的年龄、收入、婚姻等个人隐私。不要用"老人""年迈"等词来形容年事高的长者。

如果是一男一女走在街上，一般是女子走在右边；如果是挽手行走，要女子挽着男子。多人一起上街时，最受尊敬的人要走在最中间。

【知识窗】

日本的基本礼仪：

1. 通用语言是日语，但英语在酒店及大百货公司通行。

2. 日本有进屋脱鞋的习惯，在日式餐厅或酒店，需要穿清洁的鞋袜。

3. 一般公共场所都禁止吸烟。

4. 酒店温泉禁止穿泳衣进入公用浴池。

5. 与日本人会面要提前5～10分钟到达，不能失约。有事拜访要事先通知，贸然登门被视为是极不礼貌的行为。

6. 在乘坐自动扶梯或上下台阶时，遵守左行（东京地区）或右行（大阪）的习惯。

（二）韩国

韩国素有"礼仪之邦"的称号。

1. 生活习俗

（1）韩国人尊老爱幼，热情好客，重视礼尚往来。韩国人非常重视对交往对象的第一印象，如果在商业谈判时能遵守他们的习俗，他们会对谈判对象好感倍增。

（2）韩国人的口味以酸辣为主，主食一般是米饭、冷面和打糕；辣泡菜是韩国传统菜肴；他们爱吃泡菜、烤牛肉、人参鸡等，特别喜欢中国的川菜；餐具使用汤匙和筷子。

（3）在正规社交场合，韩国人一般采用握手作为见面礼节。握手时要用右手或用双手。一般情况下，女性不和男性握手，以点头或是鞠躬作为常见问候礼仪。韩国人在称呼他人时用尊称和敬语，很少会直接叫出对方的名字。要是交往对象有一定社会头衔，那么韩国人在称呼对方时一定会屡用不止。

（4）木槿花是韩国的国花（图6-12）。

2. 禁忌

（1）到韩国人家里做客，进入室内时，要将鞋子脱掉留在门口，这是最基本礼仪。

（2）与韩国人相处时，要多谈韩国文化艺术，少谈政治。无论什么场合都不能大声说笑。

（3）与韩国人进餐时，不能边吃边谈，他们认为吃饭的时候不能随便出声。

（4）对于数字，韩国人不喜欢"4"，因为"4"在韩国语中与"死"的发音相同，被认为是不吉利的，因此楼房没有4号楼，餐厅没有第4桌，旅馆不称第4层，军队里不用"4"字编号，医院更是没有带"4"的楼层和病房。同时受西方文化的影响，很多年轻人不喜欢"13"这个数字。韩国人喜欢单数，不喜欢双数，他们向人敬酒、布菜、献茶时，都回避双数。

图 6-12　韩国
国花——木槿花

在韩国，姓"李"的人很多，但他们不喜欢将"李"姓解释为"十八子李"。这一点就与中国人的习惯有很大的区别。

（三）新加坡

1. 生活习俗

（1）新加坡是一个文明国家、花园国家，人口中有四分之三以上是华人，新加坡华人的乡土意识浓厚。新加坡人一向以谦虚、可靠、勤奋著称。新加坡人讲究卫生，时间观念强。他们以米饭和包子为主食，偏爱中国广东菜。

（2）胡姬花是新加坡的国花（图6-13）。

【礼仪小贴士】

图 6-13　新加坡
国花——胡姬花

【知识窗】

> "新加"在马来语中译为"狮子","坡"为"城市",因此新加坡又被称为"狮城"。

2. 禁忌

（1）在新加坡要特别注意保护环境，讲究清洁卫生，遵守各种规章制度。如果在新加坡过马路闯红灯、随地丢垃圾、乱涂乱写，在公共场所吐痰、嚼口香糖、吸烟，会受到法律的严厉制裁，不仅要交高额的罚金，还有可能被示众，甚至被鞭打；新加坡人讨厌男士留长发和胡须，一些公共场所，常常可以看到标语牌，上面写着"长发男子不受欢迎"。

（2）在和新加坡人交谈时，要避免谈论宗教和政治。在恭贺新加坡人时，忌说"恭喜发财"之类的话，因为他们认为"发财"有"横财""不义之财"之嫌。

（3）新加坡人喜欢红、蓝、绿等颜色，不喜欢黑、白、黄等颜色。

（4）禁忌的数字是 4、7、13、37 和 69。

（5）新加坡人不喜欢乌龟，把它喻为遇事不敢承担责任或不够光明磊落的人。

【礼仪小贴士】

> 新加坡人坐姿端正规矩，不能将双脚分开。站立时体态要保持端正，且不能把双手放在臀部。

（四）印度

印度是世界四大文明古国之一。

1. 生活习俗

（1）在社交场合中，人们重视身份，注重等级。

（2）常用的见面礼有三种：一是合十礼，二是贴面礼，三是摸脚礼。其中合十礼用得最广泛，当他们迎接贵宾时，先行合十礼，然后向客人献花环，并要亲手将花环挂到客人的脖子上。

（3）大米是印度人的主食，咖喱和烤、炸、油爆的食物也比较受欢迎。

（4）印度人特别讲究卫生，每天都要洗澡而且只洗淋浴，他们认为澡盆里的水是死水，不干净。厨房被印度人认为是神圣的地方，很多中产阶级家庭，主妇做饭前都要沐浴更衣。印度人不吃剩下的食物。

（5）印度的国花是荷花（图 6-14）。

图 6-14 印度
国花——荷花

2. 禁忌

印度是多民族国家，信奉多种宗教，所以习俗也不尽相同。

（1）印度教徒把牛视为神圣之物，禁食牛肉。

（2）印度素食主义者比较多，社会地位越高的人越忌荤食，也反感喝酒。

（3）印度教徒不吃别人接触过的食物，也忌讳众人在同一盘中取食。用餐时习惯用右手抓食，切记不能用左手，印度人认为左手是不洁净的。

（4）在印度千万不要抚摩小孩的头。

（5）大多数印度人不喜欢黑色、白色和灰色。

（6）1、3、7 是他们不喜欢的数字。

（7）他们把许多动物，如孔雀、蛇、牛等人化或神化，他们不喜欢鹤、龟，也忌讳弯月的图案。

印度人表示同意、赞同时不是点头，而是将头歪到一边：先把头往左右轻轻斜一下脖子，然后立刻恢复原状，表示"知道了"或"好的"。

【礼仪小贴士】

（五）泰国

泰国被称为"千佛之国"，佛教对泰国的政治、文化艺术和生活都有重要的影响。

1. 生活习俗

（1）泰国最常见的见面礼是合十礼和拥抱礼。行礼时要两手空空，双手指互相合拢，双手举得越高表示越尊敬对方。

（2）泰国人喜欢吃咖喱饭，喜欢鱼露、辣椒，也非常喜欢中国的川菜和粤菜。泰国人喜欢喝冷饮，喝橙汁或桔子汁时喜欢加盐末。吃水果时不仅放冰，也放盐末和辣椒末。

（3）泰国的国花为睡莲（图 6-15）。

2. 禁忌

（1）泰国人进寺庙参观或烧香拜佛时，不能袒胸露背、衣帽不整，不能随意抚摸佛像或给佛像拍照。

（2）泰国人认为头是神圣不可侵犯的，不能触摸泰国人的头部，不能用手打小孩的头部。拿着东西时也不能从他人头上掠过。

图 6-15　泰国国花——睡莲

（3）泰国人睡觉时，头不能朝西，因为日落西方象征死亡。

（4）与泰国人接触时，切记不要用手拍打对方或讲话时用手指对方指指点点。

（5）泰国人忌讳鹤、龟和狗的图案，送给泰国人的礼物要避开这三种动物。

到泰国人家里拜访或参观寺院的时候，必须在门口脱下鞋子，并摘掉帽子和墨镜。

【礼仪小贴士】

二、美洲主要国家的习俗和禁忌

（一）美国

1. 生活习俗

（1）美国人直爽、坦率，乐于与人交往，举止不拘小节。

（2）通常直呼别人名字表示亲热、友好。

（3）他们喜欢借助手势说话。

（4）美国人有晚睡晚起的习惯。

（5）美国人讲究效率，时间观念很强。

（6）着装较自由随便。

（7）在社交活动中，男士要处处谦让女士、爱护女士。

（8）美国人对饮食的要求是既要营养又要美味，喜欢中国的川菜和粤菜。一日三餐都要喝点饮料，饭前喝开胃饮料，就餐时爱喝啤酒、葡萄酒等，一般不喝烈性酒。

（9）美国人喜欢蓝色、红色和白色，认为它们代表吉祥如意。

（10）美国的国花是玫瑰花（图6-16）。

2. 禁忌

图 6-16 美国国花——玫瑰

（1）与美国人交往时，不要转弯抹角，也不要在他们面前太过谦虚，以免他们认为你没有能力。

（2）与美国人交流时，不要问年龄、收入、婚姻状况及宗教信仰等。

（3）看到美国的老人爬山或上楼时，不要随便上前搀扶，那会让他们感觉自己已经老迈无用。

（4）美国人不吃蒜和酸辣食物，不吃肥肉，不吃动物内脏，不吃形状奇怪的食物，如猪蹄、鸡爪、海参等，不吃红烧和清蒸食品，也不吃珍禽异兽。

（5）美国人就餐时不能发出声响，不能替他人取菜，不能向他人劝酒，不能当众宽衣解带，不能吸烟等。

（6）美国人不送厚礼。他们对礼品本身的价值不太看重，但特别重视礼品包装，有时包装的价格甚至超过礼品的价格。

（7）不能送给美国人带有公司标记的礼物，他们会认为你不够诚心，而且有做广告的嫌疑。

（8）美国人也不随便给人送名片。

（9）13和3是美国人最讨厌的数字，他们也不喜欢"星期五"。

（10）大多数美国人喜欢狗，但他们不喜欢黑色的狗。

【知识窗】

美国人着装讲究崇尚自然，偏爱宽松，体现个性。与美国人交往时，要注意以下几个方面，以免给对方留下不良印象。

第一，注重衣着的整洁。

第二，进门一定要脱下外套和帽子。

第三，女性最好不要穿黑色皮裙。

第四，女士不要随随便便地在男士面前脱下自己的鞋子，或者撩动自己裙子的下摆。

第五，不能穿睡衣、拖鞋会客或外出。

第六，出入公共场合时化淡妆，不能当众化妆或补妆。

（二）加拿大

1. 生活习俗

（1）加拿大人性格开朗，富有理性，不保守，不教条，不太注重礼节。加拿大人时间观念强，讲究工作效率，在工作时间注重个人仪表。

（2）加拿大人喜欢吃烤制的食物，也喜欢吃鱼、鸡蛋、牛肉和蔬菜，喜欢威士忌苏打、香槟酒、红葡萄酒和樱桃白兰地。

（3）加拿大的国花是枫叶（图6-17）。

图6-17　加拿大国花——枫叶

2. 禁忌

（1）加拿大人不吃肥肉、动物内脏、虾酱、鱼露，以及一切带有腥味、怪味的食物。

（2）加拿大人不喜欢在餐桌上吸烟。

（3）加拿大人认为13是不吉利的数字，"星期五"是灾难的象征。

（4）加拿大人认为白色的百合花会给人带来死亡的气氛，只有在葬礼上才用，不能作礼物送人。

（三）墨西哥

1. 生活习俗

（1）墨西哥人热情好客，尊重老人和妇女。

（2）墨西哥人也相当现实，善于精打细算。

（3）墨西哥人爱吃辣椒，就连吃水果也要撒上一点辣椒面。

（4）墨西哥人以嗜酒闻名于世。

（5）墨西哥人餐桌上的"三大件"是玉米、菜豆和辣椒。他们做菜讲究营养，注重菜肴的味道，喜欢用昆虫烹制佳肴，喜欢中国的四川菜。

（6）骷髅被墨西哥人视为吉祥物，他们认为骷髅是代表友谊、幸福、爱情的吉祥物。

（7）在公共场所，男士要穿西装，女士要穿长裙。

（8）仙人掌是墨西哥的国花。

2. 禁忌

（1）墨西哥人不喜欢数字13，不喜欢"星期五"。

（2）他们不喜欢红色、黄色、紫色的花，认为红色花表示诅咒，黄色花意味着死亡，紫色花象征着棺材。

（3）他们认为蝙蝠是吸血鬼，给人以残暴、凶恶的印象。

【礼仪小贴士】　在墨西哥不少地方，去别人家做客，不要一进门就摘帽子，否则主人会认为你是来寻仇的。

三、大洋洲主要国家的习俗和禁忌

（一）澳大利亚

1. 生活习俗

（1）澳大利亚人性格淳朴，友善，乐于助人。注重公德，遵守秩序，尊老爱幼，修养较好。办事认真爽快，说话直截了当，乐于结交新朋友，时间观念很强。

（2）澳大利亚的女性比较矜持，对外接触谨慎。

（3）去澳大利亚人家里做客，葡萄酒和鲜花是比较合适的礼物。

（4）澳大利亚人以英式西餐为主，口味清淡，不喜欢油腻，不吃酸辣味道。

（5）澳大利亚的国花是金合欢花。

2. 禁忌

（1）澳大利亚人不喜欢把袋鼠图案用作商标。他们认为兔子是不吉利的动物。

（2）澳大利亚人不喜欢数字13，不喜欢"星期五"。

（3）澳大利亚人认为在公共场合大声喧哗是没教养的表现。

（4）与澳大利亚人交谈，不能涉及宗教、种族或个人隐私。

【礼仪小贴士】　澳大利亚人有个绝对无法通融的习惯：每周日上午，一定到教堂做礼拜。澳大利亚人从古至今，一直严守着"周日做礼拜"的习惯。

（二）新西兰

1. 生活习俗

（1）新西兰人热情好客，喜欢交际，以组织俱乐部为生活的一部分。

（2）新西兰人习惯吃英式西餐，注重菜肴多样，讲究量少质精。新西兰人的主食是米饭，他们喜欢中国的苏菜、京菜和浙菜。新西兰人喜欢喝茶，每天要喝六七次茶，许多机关、学校、企业都有专门的喝茶时间。

（3）银蕨是新西兰的国花。

2. 禁忌

（1）新西兰人把"13"和"星期五"视为凶神，无论做什么事情，都要设法回避"13"和"星期五"。

（2）在新西兰，人们忌讳男女同场活动，把当众闲聊、吃东西、喝饮料、剔牙、咀嚼口香糖、抓头皮、紧腰带等视为不文明举止。

新西兰的土著毛利人极为反感别人给他们拍照，把他们当成另类。

【礼仪小贴士】

四、欧洲主要国家的习俗和禁忌

（一）英国

1. 生活习俗

（1）英国人性格守旧，崇尚古物，矜持庄重，喜欢别人称呼他们的荣誉头衔。

（2）在饮食方面，英国人饮食注重质量，追求口味清淡，鲜嫩，焦香。喜欢吃牛肉、羊肉、禽类、甜点和水果，不喜欢吃带辣味和黏汁的菜。英国人进餐时喝酒但不劝酒。英国人爱喝茶。

（3）英国人把狗视为"忠实朋友"。

（4）英国人讲话十分客气，常常是"请""谢谢"不离口。对英国人讲话也要委婉、客气，以礼相待，否则，可能会遭到冷遇。

（5）英国奉行"女士优先"的原则。如：乘电梯要让女士先进；乘电车或公共汽车时，也要让女士先上；斟酒时要给女宾或女主人先斟；在行走时，男士应走外侧，以保护女士免受伤害。

（6）英国人比较注意服饰礼仪，商务场合他们穿三件套式西装，打传统保守式的领带。

（7）英国人时间观念很强，洽谈生意或做客，一定要准时，与他们相处严守时间、遵守诺言非常重要。

（8）玫瑰、月季、蔷薇是英国的国花。

2. 禁忌

（1）英国人不喜欢被称为英格兰人，喜欢被称为不列颠人。

（2）在社交场合，英国人不系条纹领带。

（3）在英国，人们忌用人头像、大象和孔雀作服饰的图案或商品的装潢。

（4）英国人忌讳的数字是 3 和 13。

（5）英国人忌送人百合花和菊花。

（6）英国人爱用丘吉尔的著名手势"V"表示成功和胜利的祝福，但做这个手势是，一定要手心对着对方，如果手背对着对方，则是污辱对方的意思。

（二）法国

1. 生活习俗

（1）法国人性格开朗、衣着讲究、追求时髦。

（2）法国是白兰地、香槟的故乡，法国人素有"饮酒冠军"的美称。他们喝酒特别讲究，吃不同的菜要用不同的酒搭配，比如吃肉类、家禽时要喝舍利酒、麦台酒；吃野味时，要喝红酒；吃海味时，要喝白兰地；喝汤时配葡萄酒；吃水果点心时则饮用甜酒。

（3）法国人重视晚餐。

（4）鸢尾花是法国的国花（图 6-18）。

2. 禁忌

（1）法国妇女虽然很爱美，爱打扮，爱鲜花，但不要随便把鲜艳的玫瑰花束送给只是工作伙伴的年轻女子，除非你有意向对方表示爱意。也不要随便送女性香水或化妆品，因为有过分亲热和图谋不轨的嫌疑。忌给法国年长女性送康乃馨，他们认为康乃馨是不吉祥的花。也忌把黄色花送人，黄色花是不忠的象征。菊花只能送给过世的人。

（2）法国人不吃无鳞的鱼和辛辣的食品。

（3）法国人不喜欢墨绿色。

（4）他们不喜欢黑桃图案和仙鹤图案。

图 6-18　法国国花——鸢尾花

【知识窗】

法国人社交方面的一些特点：

第一，爱好社交，善于交际。对于法国人来说，社交是生活的重要内容，没有社交活动的生活是难以想象的。

第二，诙谐幽默，天性浪漫。法国人善于雄辩，喜欢高谈阔论，爱开玩笑，讨厌不爱讲话的人，对愁眉苦脸的人难以接受。法国人喜欢冒险，喜欢浪漫的经历。

第三，渴求自由，纪律较差。法国人是世界上最著名的"自由主义者"：他们虽然讲究法制，但是纪律较差，不喜欢集体行动。与法国人约会必须事先约定，但是也要对他们姗姗来迟的可能做好准备。

第四，自尊心强，偏爱"国货"。法国人的民族自尊心和民族自豪感极强，在他们看来，世界上的一切都是法国的最好。与法国人交流时，能讲几句法语，一定会使对方热情有加。

第五，骑士风度，尊重女性。在人际交往中，法国人尊重女性，所采取的礼节主要有握手礼、拥抱礼和吻面礼。

（三）德国

1. 生活习俗

（1）德国人勤勉，矜持，有朝气，守纪律，爱清洁，喜欢音乐，热情好客，家庭观念重。

（2）德国人早晨一般起得很早，工作时间是全世界最短的，而工资水平远远高于美国和日本。

（3）德国人的时间观念很强，约会时可以做到分秒不差。

（4）德国人喜欢别人称呼他们的荣誉头衔，不愿意被人直呼其名。

（5）德国人爱喝啤酒，慕尼黑是世界闻名的"啤酒城"。德国人喜欢吃牛肉、猪肉、鸡、鸭和野味，喜欢吃中国菜。

（6）矢车菊是德国的国花。

2. 禁忌

（1）德国人很少吃鱼和海味，他们不喜欢味浓辛辣食品，不吃核桃。

（2）德国人认为蔷薇和百合花是吊唁死者用的，玫瑰花是专门为情人准备的。

（3）德国人不喜欢听恭维的话，不喜欢在公共场所窃窃私语。

（4）他们对类似纳粹的标记和符号反感。

（5）德国人忌用茶色、深蓝色和红色。

【知识窗】

德国商务礼仪中需注意的事项：

1. 德国人纪律严明，法制观念极强。凡是有明文规定的，德国人都会自觉遵守。凡是明确禁止的，德国人绝不会去碰它。

2. 德国很重视送礼。

3. 德国人在人际交往中非常重视礼节。与德国人握手时，一定要坦然地注视对方，握手的时间宜稍长一些，晃动的次数稍多一些，握手时所用的力量稍大一点。

4. 德国人在人际交往中的一个鲜明特点是重视称呼。对德国人如果称呼不当，会令对方大为不快。不要直呼德国人的名字，可以称呼全称，或仅称呼姓。

5. 和德国人交谈时，一定要注意对"您"与"你"的使用。在德国，称"您"表示尊重，称"你"表示地位平等或关系密切，只有对朋友、熟人和同龄人，才可以称"你"。

（四）意大利

1. 生活习俗

（1）意大利人热情好客，待人接物都彬彬有礼，但他们情绪变化比较快，喜怒跳跃较大，宗教观念很强。

（2）在正式场合，意大利人穿着十分讲究。

（3）意大利人特别喜欢猫和狗，认为葡萄象征着幸福吉祥。

（4）意大利人喜欢各种面食，如通心粉、葱卷、馄饨等。他们也爱吃羊肉、牛肉、猪肉、鸡、鸭、鱼、虾和其他海鲜食品。意大利还是一个嗜酒的民族。

（5）意大利的国花是雏菊和玫瑰花。

2. 禁忌

（1）意大利人喜欢奇数，不喜欢偶数。

（2）意大利人忌送菊花，菊花代表着悲伤。他们也忌把手帕、亚麻织品和丝织品送人，他们认为手帕是告别时擦眼泪用的，令人伤感。

（3）意大利人不喜欢紫色。

（4）意大利人不喜欢仕女像和十字花图案。

（5）给意大利人斟酒时，忌反手倒，在意大利这意味着"势不两立"。

（6）对意大利人也不要谈政治、经济等敏感话题。

（7）意大利的足球闻名于世，所以他们不屑谈论美式橄榄球。

【礼仪小贴士】

意大利商务交往中需注意的事项：

在意大利，不是"顾客至上"，买卖双方地位是对等的。所以，进入零售店就表示要购买东西，一旦选定物品，而且大小尺寸又适合自己时，就非买不可。

在意大利，当买了东西要找零钱时，一般不直接找零钱，通常是用其他货物来替代。例如，买邮票时，可能会用公用电话代用券作为应找的零钱。买香烟时，可能找给你几张邮票。去照相馆冲洗胶卷时，一般是用小相册作为零钱找给顾客。

（五）西班牙

1. 生活习俗

（1）西班牙人健谈爽直，热情诚挚，喜欢热闹，举止文雅而有风度。

（2）西班牙人认为男女当众接吻是伤风败俗的事情。

（3）在西班牙，对一般人可称"先生""小姐""夫人"或将其姓名、职称、学位连称。对国王、王后，应当称"陛下"。对王子、公主应当称"殿下"。对高级官员要称"阁下"。

（4）饮食方面，西班牙人以西餐为主，他们也很喜欢中国菜。

（5）石榴花是西班牙的国花。

2. 禁忌

（1）和西班牙人交谈，可以谈政治、旅行或体育，不能谈宗教、地方政治的纠纷、家庭或个人问题，也不要说斗牛的坏话。

（2）西班牙人不喜欢数字 13 和"星期五"。

（3）在西班牙，大丽花和菊花被看作不吉利的花。

西班牙不同地区的文化差异比较大，所以不能用在某一地方获得的印象去评判所有的西班牙人。

【礼仪小贴士】

【知识窗】

在商务交往中，西班牙人对衣着十分讲究。男士最好穿样式比较保守的深色西装、白色衬衣，再配一条庄重的领带和黑色皮鞋。西班牙人对黑色服装十分偏爱，他们认为，一个有教养的人，在办公时间，特别是在日落之后，一定要穿黑色皮鞋，如果穿棕色、白色或双色皮鞋都是极其失礼的行为。

在人际交往中，西班牙女性衣着讲究高雅、朴素。一般穿素色套裙或连衣裙，忌穿裤装。即使穿时装或礼服时，她们也会回避鲜艳亮丽的颜色。

西班牙女性出席社交场合，都会化妆并佩戴首饰。在西班牙，女性参加社交场合必须戴耳环，西班牙人认为，女性外出不戴耳环，无异于一个正常人外出不穿衣服。

（六）俄罗斯

1. 生活习俗

（1）俄罗斯人性格豪爽，开朗大方，集体观念强。

（2）在俄罗斯，有给客人献面包和盐的习俗，这是殷勤招待客人的表示。

（3）在社交场合中，俄罗斯的男士十分注意自己的形象，准时赴约，仪表光洁，尊重女性。

（4）饮食上，俄罗斯人以面包、土豆、猪肉、蔬菜和牛奶为主要食物。俄罗斯人的食物咸而油腻。他们喜欢吃酸味食品，如酸黄瓜、酸奶等。喜欢烈性酒，伏特加是俄罗斯人的最爱，他们对中国的一些高度酒也很感兴趣。

（5）向日葵是俄罗斯的国花。

2. 禁忌

（1）与俄罗斯人交往时，说话做事都要坦诚相见，做生意时不能说他们小气，切忌在其背后议论第三者。

（2）俄罗斯人对左右比较讲究，他们认为左方站着凶神，右方站着保护神。所以，遇到熟悉人时，不能用左手问好。

（3）俄罗斯人还认为，打碎镜子意味灵魂毁灭，会有不幸；而打碎碗、盘、碟或杯子，则意味着幸福、富贵。俄罗斯人忌讳将盐撒在地上或打翻盐罐，认为这是家庭不和的征兆，为摆脱不幸，他们习惯将撒在地上的盐拾起来撒在自己的头上。

（4）俄罗斯人喜欢数字 7，不喜欢数字 13。

（5）俄罗斯人认为黑猫和兔子是不祥之物，如果它们在自己面前跑过，会有厄运来临。

【礼仪小贴士】　　去拜访俄罗斯人时，进门之后一定要立即脱下外套、帽子和手套，摘下墨镜。这是一种礼貌。

五、非洲主要国家的习俗和禁忌

（一）埃及（图 6-19）

埃及地跨非、亚两洲，主要部分在非洲，在此将其纳入非洲主要国家进行介绍。

1. 生活习俗

（1）埃及人正直、宽容、爽朗、好客。他们常常以幽默来应对严酷的现实生活。

（2）在埃及，晚餐要日落以后和家人一起共享，所以在这段时间内，和埃及人约会是失礼的。

（3）饮食上，埃及人喜欢羊肉、鸡肉、鸭肉、鸡蛋、豌豆、南瓜、茄子、胡萝卜、洋葱、土豆等。口味上，他们一般要求清淡、香、甜、不油

图 6-19　埃及金字塔

腻。烤羊肉串和烤全羊是他们的佳肴。

埃及人有饭后洗手、饮茶聊天的习惯。　　　　　　　　　　　　　【礼仪小贴士】

---

2. 禁忌

（1）在埃及，男士不要主动和女士交谈，不要夸女士身材苗条。

（2）在埃及，不要称赞埃及人家里的物品，否则他们会认为你在索要这些物品。

（3）不要和埃及人谈论男女关系、宗教纠纷以及中东政局。

（4）在埃及，下午 3～5 点之后，人们都忌讳用针；商人也决不卖针，人们也不买针，即使有人愿意出 10 倍的价钱买针，店主也会婉言谢绝，绝不出售。

（5）在埃及，进入伊斯兰教清真寺时，一定要脱鞋。

（6）埃及人喜欢红色、绿色、橙色，不喜欢蓝色和黄色，认为蓝色是恶魔，黄色象征着不幸，所以丧礼穿黄色衣服。

（7）埃及人禁穿星星图案的衣服，星星图案的包装纸也不受欢迎。

（8）埃及人喜欢的数字是 3、5、7、9，不喜欢 13。

（9）埃及人在正式用餐时，忌讳交谈，否则会被认为是对神的亵渎。

（10）埃及人一般都遵守伊斯兰教教规，忌喝酒。

（11）埃及人忌吃猪肉、狗肉，也忌谈猪、狗，他们不吃虾、蟹等海产品，动物内脏（肝除外）和甲鱼、鳝鱼等奇形怪状的鱼。

（12）埃及人吃饭时用右手抓食，不能用左手。送给人礼物或接受礼物时，都要用右手或双手，忌用左手。

埃及首都开罗的地铁安全、卫生，其中第一节车厢为女性专用。开罗的出租车不按计价器收费，要谈好价钱再上车。　　　　　　　　　　【礼仪小贴士】

（二）南非

1. 生活习俗

南非社交礼仪可以用"黑白分明""英式为主"来形容。受宗教、种族和习俗的制约，南非的白人和黑人所遵守的社交礼仪有很大不同，白人的社交礼仪特别是英式社交礼仪较为普遍。

（1）在社交场合，南非人的见面礼节通常是握手礼，称交往对象为"先生""小姐"或"夫人"。在黑人部落中，尤其是在农村，他们习惯把孔雀毛或鸵鸟毛赠给贵宾，而客人则应该把这些珍贵的羽毛插在自己的头发上或帽子上。

（2）饮食上，南非的白人以西餐为主，经常吃面包、牛肉、鸡肉和鸡蛋，爱喝红茶和咖啡。而黑人的主食是玉米、薯类、豆类，喜欢吃牛肉、羊肉，喜欢吃熟食。南非著名的饮料是如宝茶。到南非的黑人家里做客，主人一般会送上刚挤出的牛奶或羊奶，有时可能是自制的啤酒，客人一定要多喝，最好能一饮而尽。

2. 禁忌

（1）南非人不喜欢数字 13，不喜欢"星期五"。

（2）南非的黑人非常敬仰自己的祖先，他们忌讳外人对自己的祖先言行失敬。

（3）和南非人交谈，有四个忌讳的话题：一是为白人评功摆好，二是议论黑人的古老习俗，三是为对方生了男孩表示祝贺，四是评论部族或派别之间的关系或矛盾。

【知识窗】

> 在迎接或送别客人时，黑人往往会集体行动，列队相迎，载歌载舞。
>
> 南非黑人的姓名大多已经西化，"威尔逊""乔治""爱丽丝""海伦"都是他们的常用姓名。但他们更喜欢在姓氏之后加上相应的辈分，来表明双方的关系异常亲密。
>
> （资料来源：新华网，有改动）

【课堂活动】

1. 学生每 3～5 人分成一个小组，每组自编小品：接待外国客人。

2. 每组同学将其创作的小品在班级内进行表演。

3. 表演中注意将不同国家的习俗和禁忌演示出来，然后师生共同评价。

主要参考文献 |

［1］梁兆民，张永华.现代实用礼仪教程［M］.西安：西北工业大学出版社，2010.

［2］刘月荣.实用礼仪教程［M］.北京：化学工业出版社，2010.

［3］林成益，帅学华.现代礼仪修养教程［M］.杭州：浙江大学出版社，2007.

［4］金正昆.礼仪金说［M］.西安：陕西师范大学出版社，2006.

［5］王祥林.现代礼仪实用教程［M］.成都：电子科技大学出版社，2011.

［6］韩悦.现代礼仪［M］.北京：机械工业出版社，2012.

［7］黄玉萍，王丽娟.现代礼仪实务教程［M］.北京：北京交通大学出版社，2012.

［8］斯静亚，杨群欢.职场礼仪与沟通［M］.2版.北京：高等教育出版社，2014.

［9］杜喜亮.学生社交与礼仪［M］.济南：山东人民出版社，2010.

［10］刘厚钧.社交礼仪［M］.成都：西南财经大学出版社，2008.

［11］刘晖.实用礼仪训练教程［M］.北京：电子工业出版社，2010.

［12］孙建新.公务形象与文明礼仪.威海市委宣传部、威海文明办、威海市文明礼仪协会内部资料.

［13］科林斯沃斯.我最需要的职场礼仪书［M］.姜莱，译.北京：北京联合出版公司，2012.

［14］赵鸿渐.职场礼仪价值百万［M］.北京：中国工人出版社，2009.

［15］陈乾文.别说你懂职场礼仪［M］.北京：龙门书局，2010.

感谢您使用本书。为方便教学，我社为教师提供资源下载、样书申请等服务，如贵校已选用本书，您只要关注微信公众号"高职素质教育教学研究"，或加入下列教师交流QQ群即可免费获得相关服务。

"高职素质教育教学研究"公众号

资源下载：点击"**教学服务**"—"**资源下载**"，或直接在浏览器中输入网址（http://101.35.126.6/），
　　　　　　注册登录后可搜索下载相关资源。（建议用电脑浏览器操作）

样书申请：点击"**教学服务**"—"**样书申请**"，填写相关信息即可申请样书。

样章下载：点击"**教材样章**"，可下载在供教材的前言、目录和样章。

师资培训：点击"**师资培训**"，获取最新直播信息、直播回放和往期师资培训视频。

🎯 联系方式

职业素养和创新创业教师交流QQ群：310075759

联系电话：（021）56961310　电子邮箱：3076198581@qq.com